校史故事的
育人功能和作用研究

周彤　姜素兰　陈静　朱丽华　王岩◎编著

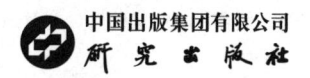

中国出版集团有限公司
研究出版社

图书在版编目（CIP）数据

校史故事的育人功能和作用研究／周彤等编著. --北京：研究出版社，2023.12
ISBN 978-7-5199-1617-6

Ⅰ.①校… Ⅱ.①周… Ⅲ.①高等学校-思想政治教育-研究-中国 Ⅳ.①G641

中国国家版本馆 CIP 数据核字（2024）第 006888 号

出 品 人：赵卜慧
出版统筹：丁　波
责任编辑：张立明

校史故事的育人功能和作用研究

XIAOSHI GUSHI DE YUREN GONGNENG HE ZUOYONG YANJIU

周彤　姜素兰　陈静　朱丽华　王岩　编著

研究出版社 出版发行

（100006　北京市东城区灯市口大街 100 号华腾商务楼）
北京新华印刷有限公司印刷　新华书店经销
2024 年 1 月第 1 版　2024 年 1 月第 1 次印刷
开本：710 毫米×1000 毫米　1/16　印张：16.5
字数：230 千字
ISBN 978-7-5199-1617-6　定价：68.00 元
电话：（010）64217619　64217612（发行部）

版权所有·侵权必究
凡购买本社图书，如有印装质量问题，我社负责调换。

序言

2021年3月6日，习近平总书记在看望参加全国政协会议的医药卫生界、教育界委员时，首次提出了"大思政课"理念，为新时代高校落实立德树人根本任务，健全"三全育人"体制机制创新了工作理念和方法，为高等教育事业发展开创了新局面。北京联合大学围绕"大思政课"建设和落实立德树人根本任务进行了一系列理论和实践探索，愈发感受到厚积校园文化、涵养大学精神、强化价值引领在育人工作中的重要作用。2023年7月，学校召开第六次党代会，将"文化润校"提升到战略发展高度，提出全面实施"学术立校、人才强校、开放兴校、文化润校"四大发展战略，将深入挖掘联大精神内涵，涵养高品质大学文化，以文化人、以德润心，构建全方位文化育人体系，为全面建设高水平应用型大学凝聚强大精神力量。

北京联合大学在时代变革的浪潮中诞生，在服务北京的担当中调整和发展。几代联大人一次次勇担使命、迎接挑战，攻坚克难、砥砺前行，在45年办学历程中创造了辉煌成就、谱写了壮丽篇章，发生了无数可歌可泣的感人故事，形成了独具特色的联大文化。学校发展的历史、联大人奋斗的故事就是一部最生动、最适宜的育人教科书。怎样讲联大故事、讲好联大故事，如何用联大故事、用活联大故事，是学校每位教育工作者都要认真思考的问题。

《校史故事的育人功能和作用研究》一书从自强担当、以人为本、立德树人、学以致用、融合创新、求真务实6个方面，讲述了51个联大故事，展现了学校深厚坚定的家国情怀、以人民为中心的政治立场、清晰明确的办学宗旨、注重应用的办学定位、开放包容的发展理念、科学严谨的治学态度，阐释了联大人自强不息、勇担使命的精神品质，以人为本、以学生为中心的办学思想，以树人为核心、以立德为根本的育人原则，知行合一、学以致用的教育理念，改革创新、与时俱进的时代精神，求真务实、科学严谨的优良作风。

该书生动的校史故事为教育者提供了鲜活的育人素材，精炼的阐释剖析为使用者诠释了故事的功能和作用。这是学校在讲好联大故事、挖掘联大精神内涵方面的一次创新性尝试，是用活联大故事的一条全新路径，是为学校"大思政课"建设和"文化润校"发展战略奉献的一部抛砖引玉的力作。

2023 年 8 月

目录

第一章　自强担当——深厚坚定的家国情怀 …………………… 1

创办大学分校——新中国教育史上的创举 …………………………… 4

不忘初心——我与新中国一起成长 …………………………………… 11

助力奥运，服务冬奥——展示中国青年力量 ………………………… 15

清澈的爱，只为中国！——携笔从戎，投身国防 …………………… 20

"恰同学少年——校徽上的大学记忆"展 ……………………………… 23

青春感悟——自强担当指引下的家国情怀 …………………………… 26

青春感悟——"请党放心，强国有我" ………………………………… 29

结语——自强不息，勇担使命 ………………………………………… 32

第二章　以人为本——以人民为中心的政治立场 …………… 35

教师之光——以爱育爱，以爱育人，以爱促学 ……………………… 38

暖心"毕业寄"——用心用情服务学生 ………………………………… 42

辅导员与你在一起——同心抗疫，温暖陪伴 ………………………… 46

校友抒怀——我和母校共奋进 …………………………………… 55

校友抒怀——难忘的大学生活，有益的学生工作 ……………… 60

残健融合——让阳光照进生命的裂缝 …………………………… 64

学生个性化成长——"三全育人"体系的探索 ………………… 75

青春感悟——"讲好中国故事，传播中国声音" ……………… 78

青春感悟——"立大志，明大德，成大才，担大任" ………… 81

结语——以人为本，以学生为中心 ……………………………… 83

第三章 立德树人——清晰明确的办学宗旨 ………………… 85

为党育人、为国育才——将党的二十大精神融入"大思政课" ……
………………………………………………………………………… 88

新时代的伟大实践——京华大地上的"大思政课" …………… 92

"大思政课"——从《卢沟桥》说起 …………………………… 97

"课程思政"——元器件的思政路 ……………………………… 101

用二胡拉响青春的旋律——"村官"艺术团中的联大人 ……… 104

志高存远——扎根西藏奉献青春 ………………………………… 111

超燃！——这就是我们的联大青年 ……………………………… 117

青年榜样——国家奖学金获得者掠影 …………………………… 121

兰台风采——传承校史文化，讲好联大故事 …………………… 127

青春感悟——润物细无声，立德以树人 ………………………… 130

青春感悟——以德育人，以德治教 ……………………………… 133

结语——以树人为核心，以立德为根本 ………………………… 136

第四章　学以致用——注重应用的办学定位 …… 139

与北京发展同向同行——对标首都发展,办出北京味道 …… 143

老骥伏枥——社会需要就是我的责任 …… 146

铿锵玫瑰——业内四海如宾至,桃李芬芳自手栽 …… 151

校友抒怀——大学分校改变了我的人生轨迹 …… 157

学子风采——以赛促学,以学助赛 …… 163

兰台风采——首都档案治理体系建设高端论坛 …… 165

青春感悟——"学以致用",回馈社会 …… 168

青春感悟——应用为本,学以致用 …… 171

结语——知行合一,学以致用 …… 174

第五章　融合创新——开放包容的发展理念 …… 177

智慧城市人才培养——助力北京智慧城市建设 …… 180

守正创新——开启高水平应用型大学建设新征程 …… 186

新工科课程思政一体化——学以致用,通专融合 …… 192

启智润心——培养高水平应用型创新人才 …… 195

学子风采——挺膺担当,科创强国 …… 200

兰台风采——高校数字档案馆(室)建设论坛 …… 204

青春感悟——融合创新的发展观念 …… 208

青春感悟——学校传递给我们的创新和包容 …… 211

结语——改革创新,与时俱进 …… 214

第六章　求真务实——科学严谨的治学态度 …… 217

他山之石——在改革开放前沿探索人才高质量培养之路 …… 220

特教培养的摇篮——在学生心里种下一颗热爱的种子 …… 224

教师风采——打造新工科数学"金课" …… 232

教师风采——三尺讲台写芳华,一片丹心育新人 …… 237

兰台风采——加强交流合作,推动档案工作高质量发展 …… 241

青春感悟——成为自律严谨的联大学生 …… 245

青春感悟——脚踏实地,从细节做起 …… 248

结语——求真务实,科学严谨 …… 251

后　记 …… 256

第一章

自强担当
——深厚坚定的家国情怀

ZIQIANGDANDANG

自强是个体健全人格的重要组成部分，是团体奋发进取、繁荣发展的先决条件，是个体层面不断提升自我、发挥自身潜能的人格动力特质，亦是国家、民族、社会团体等群体层面向心凝聚、锐意进取、克服困难、不断获得突破与超越的精神品质。中华优秀传统文化孕育了独一无二的民族精神，使五千年中华文明久经磨难而不中断，滋养着中华民族以昂扬向上的状态自立于世界民族之林。中华民族对精神的追求和道义的担当尤为重视，数不胜数的名言警句反映出中国人自古以来就有的天下情怀和道义担当精神，支撑着现代青年的价值体系。

新中国成立后，作为伟大民族精神的坚定传承者，中国共产党以对党、对国家、对民族、对人民的道义担当，把马克思列宁主义同中国实际相结合，相继创立毛泽东思想、邓小平理论、"三个代表"重要思想、科学发展观、习近平新时代中国特色社会主义思想，不断赋予责任担当以新的内涵，从井冈山精神、长征精神、延安精神、西柏坡精神，到大庆精神、"两弹一星"精神，再到抗震救灾精神、载人航天精神、改革开放精神等，真正做到对历史和人民负责，带领中国人民奋力实现"中国梦"。①

马克思曾说："作为确定的人、现实的人，你就有规定，你就有使命，你就有任务，至于你是否认识到这一点，那都是无所谓的。"②其中的规定、使命、任务等就是指人在社会互动中所表现出来的"责任担当"素养的表现形式，是指人作为社会主体存在时的社会责任，这种处于一定社会关系中的人所担当的社会责任无时不在、无处不在。③ 党的十九大报告指出，要培养担当民族复兴大任的时代新人。"青年兴则国家兴，青年强则国家强。青年一代有

---

① 王文山：《新时代大学生使命教育研究》，中国地质大学2021年博士论文。
② 参见中共中央马克思恩格斯列宁斯大林著作编译局：《马克思恩格斯全集》第3卷，人民出版社1960年版，第329页。
③ 孟丹，冉苒：《大学生"责任担当"素养培养路径探析》，载《理论月刊》2017年第7期：第91—95页。

理想、有本领、有担当，国家就有前途，民族就有希望。"① 使命召唤青年，青年必须担当。在这个日新月异的新时代，大学生不仅要能够做到"风声雨声读书声声声入耳"，还要肩负身上的道义担当，做到"家事国事天下事事事关心"，以舍我其谁的勇气主动担当起人类和谐、国家富强、民族振兴、人民幸福的崇高使命。

高校自立自强、勇于担当，迸发出强大的使命感、责任感，源于高校人深厚坚定的赤子情怀，源于个体对家庭、对国家、对民族乃至对世界所产生的一种心理认同、情感归依、深情大爱，源于长期协作、守望相助、风雨同舟中构筑的精神高地。它体现在高校发展历史中，以校史故事的方式呈现，并将代代传承，与时俱进地体现出鲜明的社会价值和时代价值。

---

① 习近平：《决胜全面建成小康社会　夺取新时代中国特色社会主义伟大胜利——在中国共产党第十九次全国代表大会上的报告》，人民出版社2017年版，第70页。

创办大学分校

——新中国教育史上的创举

"我从20岁进入联大读书（大学分校时期），到毕业留校教书，直至今年60岁告别工作岗位……人生最美好的青壮年时光都是在联大度过的。联大是我孜孜研读并获取知识的母校，联大亦是我认识世事并贡献社会的舞台；学之取之，得之用之，在我眼里，联大就像我的衣食父母。"

——北京联合大学马克思主义学院退休教授，78级校友张利

建立分校：计划经济时代的"高效"案例

北京联合大学的前身，是1978年底北京市依托部分在京大学所创建的36所大学分校。回忆分校时光，虽是40年前往事，却一切都在眼前。

1978年7月，我参加了恢复高考后的第二次考试，文科5门课程总共考了328分，而当年文科录取分数线是340分，理工科350分。到9月，分数在录取线以上的考生正式开学上课，我们"落榜"的，则各自重新筹划自己未来的人生：有的准备来年再考；有的准备参加工作，像年龄比较大的老三届毕业生，很多人就决计不再选择高考之路；也有的计划边找工作边准备考试，我属于最后这一类。

1978年11月，发出大学分校降分至300分录取的招生通知，我则有机会走入了大学校门。从通知发出算起，短短3月内，市委、市政府倾尽全力，责成市教育口、科技口等若干部门和单位，腾出了大量的房屋作为大学分校

的办学用地，分布于北京城区内的 36 所大学分校迅速建成。我所就读的中国人民大学第一分校，就是由崇文区教育局所属的第 117 中学腾出来的。1979 年 2 月 3 日，36 所大学分校的 1.6 万学子齐聚首都体育馆，举行了隆重的开学典礼。那个空前绝后的宏大场面，我永生难忘。

北京航空学院第二分院的老师参加建校劳动

前后 3 个月时间，做出如此惊天动地的决策并迅速实施，这要是放在当今，仅仅征地一项便是不可想象的。除了创造教学的硬件条件外，市委组织部门和相关大学总校还迅速为各分校配备了精干的领导班子——校务委员会。各大学总校（当时也有叫"本校""总部""老校"的）则向分校派出教学管理干部和兼课教师。比如，我所在的人大一分校，市委配备了孙乃东、人大派来了哲学系副主任李德良等组成校务委员会。记得北大一分校数学系主任，是后来做了北大校长的丁石孙先生兼任。

多年后，阅读联大校史及相关的资料，才知道创建分校是当时以林乎加为书记的北京市委、市政府所做出的重大决策。在 1978 年 10 月 14 日召开的市委常委会上，林乎加书记讲话："赞成 300 分以上的 15000 人要解决，300 分以下，单科成绩优异的也可以考虑。扩大招生，实行大学办分校，挂大学分校牌子。本校和分校，要统一学制，课程和教材要同样标准，要达到本校水平，质量不能降低。"这算是一锤定音！

现在看来，举办大学分校，堪称新中国教育史上的壮举，才刚复出不久的邓小平同志给以全力支持，批示说建立大学分校的方式"可以试试"。为什么能够做出如此决定？当年的决策者们最直接、最急迫的考虑便是尽可能延揽住因"文革"停止高考而积累了11年的知识青年们，为他们上大学深造创造机会，也是尽可能弥补历史的损失，少留些遗憾。为什么能够在如此短的时间内，以惊人的速度集中物力人力资源建成36所大学分校？我认为，这也得益于当时计划经济体制的积极和正面的作用，体现了社会主义公有制下集中力量办大事情的优势。

1980年北京邮电分院的学生在亲手搭建自己的教室

经历多样、年龄差极大的生源

正因为11年中断高考，所以，77级和78级考入大学的学生，一般都有着各种不同的社会经历，考学前当工人、当农民（插过队或正在插队）、当干部、当兵的"老三届"是学生的主体，应届考生占比并不大。我班同学上学前的身份，有装卸工、建筑工、翻砂工，有售货员、中学老师，有军队干部、农村知青（原外经贸大学党委书记王玲是我大学同班同学，上学前是海淀区知青模范）……

分校同学们的年龄差异很大，我们人大一分校党史班同学中年龄最大的孙起成（后来也成为我们联大的思想政治理论课教师）是1947年出生，他1966年本该高考，但因高考停止，便到农村插队，又回城当工人。最小的1960年出生，是应届高中毕业生，两人年龄差达到了13岁。我们班49人中，报到时就已经结婚成家的有3人，其中的老大姐杨兰兰的孩子都已经上了小学，她是先送女儿去学校，然后才来报到的。"40后""50后""60后"同窗共读，这恐怕是中国历史上一个空前绝后的普通高等教育的景象。

正是因为如此特殊和多样的生源，国家有关部门规定77级、78级学生入学前工作5年以上的，带薪上学。不够带薪规定的，享受人民助学金待遇。我当时的助学金（根据家庭收入和人口多少）是13.5元。

京城走读的"恶补"群体

因为几乎都是北京生源，学生户籍在京且有居所，1978年招收的第一批分校学生全部采取走读方式。我家住在城南宣武门附近，每天要骑着自行车到龙潭湖附近的学校，往返20多公里。当时我找在工厂工作的中学同学给我做了一个专门的铁架子，卡在车把上，夹上英文单词表，边骑车边背，这一骑就是4年整，从未拉过一节课。我说的"自行车上的阅读"并非个例，别的同学也一样，是共性。老师们也是"走教"，人大老师大多住在海淀区，他们大多数是从总校坐校车来我们这里上课，记得也有几位老师是自己骑着自行车来给我们分校上课。

除了走读的路途之劳外，分校整体的物质条件确实是比较艰苦的，不仅没有住宿条件，上课的教室也是比较紧张和拥挤的。记得人大一分校第一年没有学校自己的食堂，我们都是在学校边上的小饭馆里解决午餐问题。

校史故事的育人功能和作用研究

清华大学分校学生在露天食堂吃午饭

当时分校学生最在乎和最关心的,不是物质条件怎么样,而是教学安排上分校学生与总校学生有没有享受到"同等待遇"。总校注意到这一点,生怕出现怠慢分校学生的情况,在本校开什么课的教师,也被安排到分校开什么课。比如,我们人大一分校党史专业与总校党史专业学生没有任何课程安排、教师安排上的差异,像胡华(系主任)、何新、何东(系副主任)等著名教授,都来分校给我们上课。人大党史系资料室向分校学生开放,人大总校有什么活动,我们分校学生基本都去参加。不仅人大如此,北京大学像王力、周一良、侯仁之、丁石孙等知名教授都在北大分校上课,北京外国语大学著名的张道真教授也一直在北外分校授课并兼任管理工作……

当时学生中流行两句口号,一句是"找回被耽误了的青春",另一句叫做

"为中华崛起而学习"。拼命读书、恶补知识是我们当时的常态。尤其是我们78级分校的学生,更是觉得上学机会来之不易,在简陋、狭小的教学环境中,在自行车和公交车上,勤勉攻读,克服困难,倍加努力,最终完成了4年的学业。正是从78级大学分校里,走出了众多的翘楚才俊,成为日后国家和北京市各个行业中的骨干和领军人物。

分校学生这种学习场景,印证了清华大学老校长梅贻琦先生那句话:"大学也,非高楼大厦也,大师也。"1985年,在若干大学分校的基础上,组建了北京联合大学。据我所知,校名是我们首任北京联合大学校长谭元坤先生起的。他之所以起名联大,初衷就是继承和承袭包括清华大学在内的西南联合大学"刚毅坚卓"的精神。2017年恰逢西南联合大学成立80周年、北京联合大学成立40周年纪念,回忆北京联合大学前身——大学分校时期的经历,寻找北京联合大学与北大、清华等著名大学的渊源关系,对我们今后办好联大定有裨益。

北京联合大学组建初期校部机关借用的中山公园西门办公地点今貌

校史故事的育人功能和作用研究

延伸阅读——大学分校 39 块校牌齐聚校史馆

2023 年 5 月 22 日，18 块大学分校校牌亮相北京联合大学校史馆。

1978 年，北京市依托 25 所在京高校创办了 36 所大学分校，开创教育史上的先河，其中调整后的 15 所大学分校于 1985 年组建成为北京联合大学。历时 18 个月，校档案（校史）馆馆长姜素兰，史志部老师王岩、张宇三位老师再次走访当年创办分校的"老大学"，进一步细筛馆藏资料，遍访老校友，从收集到的老照片中，采集到了最后 18 个分校的校牌信息，进行还原设计，等比例制作了校牌。至此，与学校有着亲缘关系的大学分校 39 块校牌齐聚，唤起广大校友"恰同学少年"的峥嵘岁月。

北京联合大学校史馆展示的大学分校校牌

不忘初心

——我与新中国一起成长

"35年前那个彻夜未眠、时至今日留存在记忆深处,恰似昨天刚刚发生的那荡气回肠、激动人心的"十·一"天安门广场的联欢之夜。""我们为自己的祖国点赞、为我们生在新中国、长在改革开放新时代自豪!节日的夜晚,五彩缤纷的礼花在天空中怒放,我们开心地笑着、跳着、期待着礼花与自己'偶遇'。"

——北京邮电学院分院8221班校友回顾国庆35周年庆典

在国庆35周年庆典现场的合影

壮阔七十载,奋进新时代。2019年10月1日上午,当我们——北京邮电学院分院8221班的同学们在电视上看到庆祝中华人民共和国成立70周年大会在北京天安门广场隆重举行、20余万军民以盛大的阅兵仪式和群众游行欢庆新中国70华诞之时,无不为强大的人民军队展现的"中国力量"而感到骄傲和自豪！不但激发了我们的民族自尊心、自豪感及爱国热情，也使我们情不自禁地想起了 35 年前那个彻夜未眠、时至今日留存在记忆深处，恰似昨天刚刚发生的那荡气回肠、激动人心的"十·一"天安门广场的联欢之夜。

1984 年，我们的祖国正值改革开放初期。为唤起全国亿万人民跟着党走中国特色社会主义道路的信心和决心，党中央决定举办新中国成立 35 周年庆典活动。这也是自 1960 年起中止国庆庆典活动后，24 年来第一次举行阅兵式和群众庆典活动。

1984 年寒假过后，学校接到参加"群众庆典活动"的任务，开始选拔、组织在校生训练。我们 8221 班接到的任务是在联欢晚会上跳集体舞。得知此消息后，同学们表现出了极大的热情，谁也不甘落后，积极地投入集体舞的学习与排练中。每天下午下课后，当篮球场乐曲响起时，同学们迅速到位，在老师的指导下认真排练。不仅如此，我们班的同学还利用午休时间在教室里练习，互相帮助，认真做好每一个动作。大家非常珍惜这来之不易的机会，唯恐被"替补"，都希望在国庆庆典晚会上自己能代表首都大学生、代表母校一展当代青年人的风采。排练历时半年，没有一人请假。

当我们踏进大三的时候，期盼已久的新中国成立 35 周年庆典活动在北京天安门如期进行。功夫不负有心人，我们班参加排练的同学没有一个人掉队，全部如愿以偿地参加了国庆联欢晚会。

1984 年 10 月 1 日下午，我们很早就来到天安门广场、来到人民大会堂的东南侧，那一刻紧张、忐忑、兴奋、荣耀充满了每一位同学内心，我们终于迎来向全国人民、全世界人民展示当代大学生风采的时刻啦！当夜幕降临之后，华灯映照下的天安门广场张灯结彩、繁花似锦，好一派节日的景象！首都 150 万人欢聚在此，庆祝我们的节日。随着充满青春韵律的圆舞曲声的响起，天安门广场沸腾了，成为歌的海洋、舞的海洋，幸福快乐的海洋。充满青春活力热情万丈的我们随着《青春圆舞曲》《阿佃跳跃》《阿里山的姑娘》《道拉基》等明快的青春旋律，尽情地唱、尽情地跳、尽情地欢笑，沉醉在无比的自豪与快乐中;我们为自己的祖国点赞、为我们生在新中国、长在改革开放新时代自豪!节日的夜晚,五彩缤纷的礼花在天空中怒放,我们开心地笑着、跳着、期待着礼花与自己"偶遇"。

几个小时的联欢晚会转眼就在礼花齐鸣、"振兴中华、实现四化"响彻云霄的欢呼声中结束了。我们无法抑制住内心的激动和欢快,沿着长安街一路高歌、一路畅聊着亲身参加国庆庆典的点点滴滴,感慨祖国的繁荣、强大、昌盛。当我们走回位于五道口的邮电学院分院虽已是凌晨3点了,但大家没有一丝疲倦,回到教室依旧兴奋不已,幸福地憧憬着未来,个个摩拳擦掌、跃跃欲试,渴望投入祖国的建设中去,久久不愿离开。

庆典后激动兴奋的同学

1986年7月,我们从邮电学院分院毕业了,带着振兴中华的梦想、为母校争光的热血投入祖国的建设中,践行自己在校立下的誓言——"振兴中华、实现四化。"

35年后的今天,我们的头发有些花白,脸上也留下岁月的痕迹。时光可以改变一个人的容颜,却不能改变我们的初心。35年来,我们与新中国共同成长，把自己的事业与国家民族的命运是紧密联系在一起的，明白唯有奋斗才是给祖国最好的回报；我们在改革开放的大潮中奋力拼搏、奋发有为、为实现四个现代化、振兴中华奉献了青春。8221班的同学们可以自豪地说：我们是新中国发展建设繁荣昌盛的见证者、践行者和受益者！我们无愧于祖国、无愧于改革开放的新时代！无愧于当年的誓言、无愧于母校！

今天，我们重返久违的母校，亲眼所见校园宽阔优雅，树木葱郁、花团锦簇，到处生机勃勃；大楼鳞次栉比、教室宽敞明亮，实验室设备先进、宿舍整洁舒适，图书馆、阅览室、运动场等一应俱全，置身其中倍感欣慰。我们曾在母校接受了四年的高等教育，在老师们谆谆教诲和带领下掌握了专业理论知识、增长了实践经验，树立了科学的世界观、人生观、价值观及远大的理想，并付诸行动。

作为校友，我们希望母校的学弟学妹们一定要珍惜在校的学习时光，为将来建设祖国做好知识储备；要树立远大理想，为祖国的腾飞贡献自己的一份力量！更希望在新中国百年华诞到来的那一刻，你们也能像我们今天这样自豪地说："我为祖国的强大奉献了自己的青春、作出了应有贡献！"

亲爱的学弟学妹们，我们坚信"今天你以母校为荣，明天母校以你为荣"！我们由衷地祝愿母校再上一个新的台阶，为国家的发展建设培养更多的应用型人才！

助力奥运，服务冬奥

——展示中国青年力量

"能担任北京冬奥会裁判工作，对我来说是一种至高无上的荣誉。一项大赛就是一次'战斗'，我期望能以最精湛的技术、最顽强的精神、最好的服务为赛事贡献自己的力量。北京冬奥会，我准备好了！"

——北京联合大学师生全力以赴，服务冬奥

2022年2月4日，第二十四届冬季奥林匹克运动会在北京隆重开幕，在这一届简约、安全、精彩的冬奥会中，北京联合大学师生全力以赴，服务冬奥。

"奥运会是一场生动的美育课堂，从2008年夏奥到2022年的冬奥，我在其中吸取了很多的养分。十分感谢国家的重托、导演组的信任、北京联合大学的支持，让我有机会参与其中，并跟随着奥运的节奏，不断学习成长，实现了由演员到导演的蜕变。"该校师范学院教师杨雯珺表示，将不辱使命，圆满完成此次任务，并在冬奥结束后，把这份经历带回学校，分享给更多的学生。据了解，她此次参与编排了冬奥会开幕式中的八个环节，涉及运动员入场、火炬传递等重要环节。2021年3月到9月为开幕式的创意设计和方案落实阶段，10月进入紧张的训练以及合成与彩排。杨雯珺负责训练的演员主要从北京的十余所高校中进行选拔，在训练过程中，这些年轻的大学生为了祖国的荣耀，不畏艰辛，充分体现出当代年轻人的朝气与活力。此前，她还以编导的身份参与庆祝中国共产党成立 100 周年大型情景史诗《伟大征程》。

身负冬奥开幕式编导、学校教师、稚子母亲三重身份的她，
白天在学校教书育人，晚上至深夜则奔波在开幕式排练现场

云顶滑雪公园北京联合大学 8 名礼仪志愿者在云顶的
一段工作视频在联大朋友圈刷屏

北京联合大学共派出了 214 名师生组成的冬奥志愿者队伍，包括进驻 15

个服务岗位的 82 位住宿志愿者、分布在 4 个工作岗位的 72 名交通设施志愿者、负责观众物资保障及运行工作的 50 名城市志愿者，以及在云顶滑雪公园和鸟巢国家体育馆工作的 10 名礼仪志愿者。他们用自己的青春力量保障奥运，助力奥运。

一片片燃烧的雪花融汇成为澎湃的青春能量，成为中国的闪亮名片

与他们一道的，还有旅游学院派出的服务冬奥的专业服务生们。

北京联合大学是首都高校中唯一为冬奥提供专业服务生实践的高校，在延庆冬奥村为期 4 个月的实践中，同学们在冬奥村接待询问、前厅客房、餐厅厨房等各个工作岗位，充分展示联大青年的专业素养和责任担当。

在延庆运动员主餐厅服务的党员张振同学表示："党员在关键时刻要站得出来"，他说，"有一次夜里卸货，正遇上下大雪，天气寒冷，在班学生党员都去帮忙，我们工作到将近凌晨两点，没有一个人抱怨。""在工作中，我会在短暂休息或者吃饭时间找同学们沟通，了解他们的工作情况，可能有些同学因为工作量增加、上班时间变更、工作任务改变而有一些心理变化，我也会尽量帮忙疏解。"在延庆冬奥村居民服务中心服务的宋子怡同学激动地说道："作为预备党员我非常感谢这次实践机会，我感到光荣与自豪。在服务期间感受到成功为外国友人服务的喜悦，也经历过因为语言交流而产生的压力，这些都成为我以后努力学习和工作的宝贵财富。"

"能担任北京冬奥会裁判工作，对我来说是一种至高无上的荣誉。一项大赛就是一次'战斗'，我期望能以最精湛的技术、最顽强的精神、最好的服务为赛事贡献自己的力量。北京冬奥会，我准备好了！"该校体育教学部教研室主任宋大维老师有将近14年的高山滑雪裁判经验，在校教授排球和滑雪课程。2008年组建了北京联合大学滑雪队，在2018年全国大学生滑雪比赛总决赛中拿到了冠军。他先后参与了世界大学生冬季运动会、国际雪联积分赛、全国滑雪锦标赛等赛事。2017年后，他参加了北京冬奥会裁判的选拔，并在2021年正式确定在2022年担任北京冬奥会高山滑雪比赛项目的裁判工作。

作为市属规模最大的综合性大学，服务冬奥会是联大人义不容辞的责任。从冬奥组委到场馆团队，从北京市运行保障指挥部到各个区县街乡，办奥工作的各个领域都活跃着联大老师们的身影。

马立红老师服务于延庆冬奥村（冬残奥村）场馆运行团队。张子奇老师在开闭幕式工作部国家体育场运行团队。汤湛老师目前身处冬奥组委运动会服务保障部。孙惠君老师在中国单板滑雪平行大回转队。韩松老师现在北京市运行保障指挥部。陈涵老师服务于在非竞赛场馆的北京冬奥村（冬残奥村）。王安琪老师在冬奥组委志愿者部。修宇老师服务于奥运村部奥运村餐饮服务处。付鹏老师在冬奥组委制服和注册中心。

北京联合大学特殊教育学院特教系教师郝传萍，从事特殊教育工作近40年。2008北京残奥会志愿者培训项目协调人、培训专家及助残技能培训讲师、盲人定向行走动作示范教师。本次冬奥会，她全程参与《北京2022年冬奥会残疾人服务知识手册》的编写工作，并受邀前往冬奥会和冬残奥会各个场馆进行助残知识与技能的培训。

应用文理学院教师李倩茹受聘担任北京市延庆区人民法院"法融未来"冬奥司法服务保障人才库专家,为延庆赛区冬奥司法服务与保障工作建言献策。

服务冬奥,北京联合大学不止一线人员,全校师生全力以赴。学校制订了《2022年北京冬奥会和冬残奥会志愿者工作总体方案》,成立了由学校党委书记楚国清为组长,其他相关校领导为副组长的冬奥志愿者工作专班,随时调度保障。校领导与志愿者座谈交流、答疑解惑,致信家长、让家长更安心,多次线上线下看望、慰问志愿者。除了近30人的"冬奥助力管家",学校其他职能部门、后勤部门等全校师生"多看学生一眼,多帮学生一把",为服务冬奥一线的师生及时解决困难、传递温暖,传递信心。旅游学院等通过举办"联合同心助冬奥 师生携手向未来"主题党日活动等活动,与服务一线的师生畅谈感受、树立榜样、鼓舞士气。

清澈的爱，只为中国！

——携笔从戎，投身国防

"每每想起牺牲在中印边境陈祥榕烈士的事迹我都会热泪盈眶，'清澈的爱，只为中国！'多么质朴的爱国之心！多么热烈的报国之情！我要去参军！为国防贡献自己的力量！""'苟利国家生死以，岂因祸福避趋之。'在未来的部队生活中，我将时刻牢记'吃苦在前，甘于奉献'，使自己尽快从一名普通青年转变成为一名合格的军人。"

——北京联合大学 36 名学子投身火热军营，磨砺精彩人生

2022 年 9 月 16 日，第一缕晨光还未升起，我校 36 名新兵便陆续踏上前往军营的专列，携笔从戎，投身强军伟业。

新兵启程出发出发现场

应用文理学院郑晟咏说："回首大学四年，参加各种各样的社团，参与各门类的学科竞赛，学到了知识，掌握了专业技能，获得了真挚的友谊，也收获了些许荣誉。临别之际首先感谢母校对我的培养。携笔从戎，将为青春烙

下最为珍贵的痕迹。'苟利国家生死以,岂因祸福避趋之。'在未来的部队生活中,我将时刻牢记'吃苦在前,甘于奉献',使自己尽快从一名普通青年转变成为一名合格的军人。以服从命令为天职,努力学习,刻苦训练,为人生添彩,为母校争光。"

智慧城市学院吴桐茂说:"随着远方浓墨色的夜空逐渐泛起晨光,响亮的起床哨带走了最后一丝睡意。折好被装,在这集训的最后一个早晨,我怀着激动的心情,踏上了去往实现梦想的地方。每每想起牺牲在中印边境陈祥榕烈士的事迹我都会热泪盈眶,'清澈的爱,只为中国!'多么质朴的爱国之心!多么热烈的报国之情!我要去参军!为国防贡献自己的力量!"

学校严格按计划组织实施2022年夏秋季征兵工作,将疫情防控贯穿于征兵全过程。经过严格体检、政审、役前集训选拔,最终我校32名男生、4名女生穿上军装,携笔从戎,投身强军伟业。

多年来,我校认真落实北京市征兵工作各项任务部署,将大学生征兵工作作为落实立德树人根本任务、加强学生思想政治教育、拓宽学生就业、提高学生综合素质的重要载体,紧紧抓住爱国主义教育主线,充分发挥优秀退役学生榜样引领作用,多层次、多角度开展学生国防教育,校园红色文化氛围不断浓厚,学校征兵工作连续十二年荣获"北京市征兵工作先进单位"。

2022年夏秋季入伍新兵合影

青春最抢眼的是英雄风采，军旅最光荣的是英雄勋章。北京联合大学永远是同学们最坚实的后盾，祝愿所有参军入伍的同学在部队里学有所成，早立新功，多传捷报！

"恰同学少年

——校徽上的大学记忆"展

> 这些形象精美、设计精巧、寓意深远的徽章，让我们可以深刻领略大学的人文精神和文化内涵，充分感受百年大学文脉的鲜活印记和青春律动。透过校徽背后的沧桑风云，我们可以清晰地看到百余年来中国高校弦歌不辍、自强不息的时代华章。
>
> ——国内首个以校徽和大学园林为载体的主题展览开展

8月18日，由中国园林博物馆主办、北京联合大学协办的"恰同学少年——校徽上的大学记忆"展在中国园林博物馆开幕。校党委书记韩宪洲、副校长周彤，北京市公园管理中心副主任、中国园林博物馆馆长张亚红，中国园林博物馆党委书记刘耀忠，著名语言学家王力之子、四通集团创始人之一王缉志，北京史研究会会长李建平、档案（校史）馆馆长姜素兰、北京市园林管理中心服务处副处长温蕊等领导和嘉宾出席。

韩宪洲在致辞中指出，校徽是研究、观察一所学校的重要窗口，也是了解一所学校校园文化的最简单明了的媒介。他讲述了北京联合大学首任校长谭元堃的事迹，以及北京联合大学与西南联合大学的历史渊源，阐述了大学的情怀和担当。他强调，校徽展览既有意义，又有意思，要办成"活"的课堂，让师生们通过参观展览接受教育。

周彤与其他参会嘉宾一起，为展览揭幕。李建平老师进行大学校园与园林文化的精彩解读，王缉志先生围绕"王力精神"是什么以及对我的影响进

校领导周彤与其他嘉宾一起为展览揭幕

行分享。

  展览甄选 1000 余件校徽，是国内首个以校徽和大学园林为载体，展现大学百年发展史的主题展览，是难得一次大学校徽的集中展示。展览分为徽源、徽印、徽黉、徽忆四个篇章，从中国大学校徽的起源开篇，纵览百余年来中国大学发展的历史脉络，生动呈现了中国高等教育与国家、民族的命运唇齿相依、休戚与共的紧密联系，既具有重要的史学价值，又具有深刻的教育意义。

领导与嘉宾参观展览

第一章 自强担当——深厚坚定的家国情怀

展品中包括了北京联合大学的校徽以及大学分校时期的校徽。展览还展现了北京联合大学的历史沿革，以及建校 40 余年来，几代联大人在艰苦奋斗、攻坚克难、砥砺前行中所形成的"联大品质"。

这些形象精美、设计精巧、寓意深远的徽章，让我们可以深刻领略大学的人文精神和文化内涵，充分感受百年大学文脉的鲜活印记和青春律动。透过校徽背后的沧桑风云，我们可以清晰地看到百余年来中国高校弦歌不辍、自强不息的时代华章。

领导与兄弟高校档案馆代表

来自清华大学、北京理工大学、北京交通大学、北京工业大学、北京外国语大学、中国政法大学、北京体育大学、首都体育学院等兄弟高校档案馆的负责同志以及师生代表参加活动。

青春感悟

——自强担当指引下的家国情怀

> "校园里永远充溢着积极上进、自强担当的强烈气息：每周一的升旗仪式，在国旗护卫队同学的组织下，五星红旗冉冉升起，所有在场的同学都唱着国歌、注视着国旗，那一刻，一切都是那么的庄严神圣，在同学们的眼神中可以看到对祖国深沉的爱。"四年的大学生活无疑是短暂的，但联大的一切无时无刻不在教育着我要有责任、有担当，展现出当代青年的精神风貌。
>
> ——北京联合大学2021级地理信息科学专业学生张丝语

习近平总书记在纪念五四运动100周年时指出："一代人有一代人的长征，一代人有一代人的担当。建成社会主义现代化强国，实现中华民族伟大复兴，是一场接力跑。我们有决心为青年跑出一个好成绩，也期待现在的青年一代将来跑出更好的成绩。"作为联大学子，经历了一年多的校园生活，"责任和担当"这两个字在我脑海中越来越生动。

我很幸运出生在一个军人家庭，耳濡目染下便一直对军校生活充满向往，我喜欢军人的满腔热血，身穿戎装的飒爽英姿，面向国旗的目光坚定，还有那"清澈的爱，只为中国"的纯洁心灵。在高考录取结果下来时，虽然没有被军校录取，但有幸来到北京联合大学深入学习我喜欢的地理学专业。

来大学之前，受家庭影响，我一直以为保家卫国才是最直接的爱国。但是来到联大的一年，我被学校的氛围深深吸引，与同学的日常沟通、跟随老师的课堂学习，潜移默化的改变了我的想法与心态，我感受到了原来为国家、社会做贡献，表达爱国之心的方式有很多种，课上课下的学习生活每一项都提升着自己，在联大，我感受到不一样的爱国情——责任与担当。

班级活动中的责任与担当。在开学之初，我本着服务同学，向往党组织的积极心态担任了班级团支书一职，多次开展了支部学习、主题团日等活动，与班级同学共同学习党史、团史，学习英雄先烈的爱国主义精神。看到老师和同学们的信任，更加坚定了我要当好团支书的决心。这份责任与担当让我在服务同学中感受到自己的重要作用，每次精心组织的班级主题活动，同学们都能踊跃发言，分享着学习国家大事后的心得体会、思考着我们当代青年的使命任务。

课堂学习中的责任与担当。在专业学习中，老师们的精彩授教让我知道了地理专业如何为国家贡献出自己力量，在课程的讲解中，老师们会不时的将专业知识与日常生活、时事政治挂钩，以自己擅长的专业角度去分析热门事件的发展趋势。如新冠疫情防控中，通过运用地理学专业中地图学、arcgis软件等相关专业知识，便可预测疫情发展趋势、也可以分析变化原因。这让感觉到自己与国家的距离一下子就拉近了，每人只要发挥自己的专业特长，便可为国家、社会贡献自己的力量。

校园文化中的责任与担当。校园里永远充溢着积极上进、自强担当的强烈气息：每周一的升旗仪式，在国旗护卫队同学的组织下，五星红旗冉冉升起，所有在场的同学都唱着国歌、注视着国旗，那一刻，一切都是那么的庄严神圣，在同学们的眼神中可以看到对祖国深沉的爱；进入校园，随处可见的宣传板上张贴着近期的国家大事，道路两边的道旗、墙面上挂的条幅，也都是激励同学们铮铮话语；不远处的公示板上，也张贴了各种类型的获奖名单、榜样故事，激励着过往的同学们向榜样学习，明确当代联大青年的责任使命。

在全国抗击新冠肺炎疫情表彰大会上，总书记深刻指出："社会主义核心价值观、中华优秀传统文化所具有的强大精神动力,是凝聚人心、汇聚民力的强大力量。"面对突如其来、来势汹汹的疫情,亿万人民所展现出的炽热而深沉的家国情怀,激荡人心、振奋人心,给人以无穷的奋进力量。不畏困难、不惧牺牲,心系家国、舍生取义。家国情怀,映照着奋斗者的赤子之心——无论经受何种考验,都能永葆初心;彰显着奋斗者的顽强意志——无论遇到何等艰难,都能坚忍不拔;体现着奋斗者的奉献精神——无论作出何种牺牲,都能无怨无悔。浓郁的家国情怀,背后是深厚的家国责任、强烈的家国担当。

四年的大学生活无疑是短暂的,但联大的一切无时无刻都在教育着我要有责任、有担当,展现出当代青年的精神风貌。我也在此承诺,我会在学校内积极发挥作用,努力学习,积极参与活动,在联大的平台上展现自己的活力;作为当代中国青年,我们是时代的晴雨表,我们要坚定担当时代使命的理想信念、锤炼担当使命的过硬本领,为社会、国家贡献我们这一代人的青春力量!

青春感悟

——"请党放心，强国有我"

> 十八九岁的我们，正处于追梦的最好年华，中国梦的实现已进入关键期，伟大复兴的目标已然明确，我们也应为人生马拉松蓄力，祖国以其深蕴广博为我们青年成长提供荫蔽，我们青年则以逐梦芳华为祖国未来贡献涓滴。
>
> ——北京联合大学2021级人文地理与城乡规划专业学生刘璐

古今中外，无数优秀的中华儿女既有孝亲近老、安家乐业的追求，又有济世救民、匡扶天下的担当。而我们现如今所身处和平安逸的年代，正是中华祖祖辈辈的先烈们用生命换来的，所以我们中国青年也要为中华民族实现伟大复兴的中国梦做出应有的贡献。

极其幸运，我来到了北京联合大学这个大家庭，在校园里我感受到了每一位联大人的爱国心。我所热爱的联大在我日常学习与生活中一直潜移默化地影响着我的价值观。在入学这一年中，无论是校内资源如联大的前世今生、优秀校友，还是校外资源如国家博物馆、首都博物馆，与市政府参事室、市文史馆、市档案馆合作，都让我们学子为文理厚重的历史感到骄傲，为中国灿烂的传统文化遗产感到自豪，激发我们学生内心的家国情怀。

我们城市科学系挖掘每门学科中的家国情怀元素，并在日常的学科教学中有机融入家国情怀教育。以《走读北京》课程为例，学校开设此课程，在每周五下午老师带领同学们到北京的历史文化景观，通过边玩边讲解的方式，不仅让我们了解到更丰富的历史事件，还使我们身临其境仿佛置身于当朝历史，体会不一样的历史故事。《中国近现代史纲要》课程老师的讲解生动形象绘声绘色，除了让同学们掌握基本史实，老师还结合历史英雄英勇就义的事迹和时代背景，融入家国情怀教育，引导同学们勿忘国耻。促使同学们爱党爱国，以革命先辈为榜样，树立自强担当的人生观和价值观。

不只是在课程中，校园学生活动也不断增强联大学子的家国情怀。尤其是每个学院都有青年志愿者协会，在课余生活中组织我们参与校内外社会服务，在社会服务中感受作为中国人的社会价值。印象深刻的是冬奥志愿服务活动，当我看到高年级的学长学姐在冬奥现场迎着寒风、顶着暴雪，在颁奖台前一动不动，这让全体联大学子感动不已，也激励着我们初入联大的学生要以高年级甚至已毕业的联大人为榜样，不断向前，用实际行动诠释"请党放心、强国有我"的铮铮誓言。

身为班长的我，与团支书一起组织召开班级团日活动，在搜集资料和为大家讲解时，我都能更深刻地感受到现如今生活的来之不易，开展团日活动时，同学们都会讲到作为当代青年的使命担当，不停地激励班里的同学要自强不息、勇担使命，刻苦学好专业知识、早日投身祖国建设事业。

作为入党积极分子的我，在学校开设众多当党史讲座中逐渐清晰了我的爱国心。我国的历史教会了我百折不挠，锐意进取，自强不息。国家与青年是密不可分的整体，青年兴则国兴，青年强则国强。中国梦，不仅是中国的梦，也是我们青年的梦。对于国家而言，青年心怀家国情怀国家才有希望，对于我们而言，有了想要为国家贡献的目标才能更努力地奔跑。家国情的力量是无穷的，它可以让我们周而复始地念着像咒语一般的单词，可以让我们直视高数拿起笔不厌其烦地计算，可以让我们拿起书再来一次与古人思想的碰撞。

家国情怀是联大在人才培养中的重要文化传承理念。培育大学生家国情怀，有利于引导大学生树立家国一体意识，强化家国认同；有利于引导大学生以家国天下为重，以民族大义为念，把个人理想追求与国家民族命运维系在一起，继承弘扬"以民为本"与"天下为公"的优秀传统，强化责任担当意识，为实现中华民族伟大复兴中国梦不懈奋斗。

十八九岁的我们，正处于追梦的最好年华，中国梦的实现已进入关键期，伟大复兴的目标已然明确，我们也应为人生马拉松蓄力，祖国以其深蕴广博为我们青年成长提供荫蔽，我们青年则以逐梦芳华为祖国未来贡献涓滴。仍处在成长中的我们或许能力不深、见识尚浅，但跟随学校的脚步，应着时代的鼓点，我们青年一定能谱写祖国未来的辉煌！

结语

——自强不息，勇担使命

实现民族伟大复兴，我们所面临的机遇极其难得，但是，当前经济全球化、政治多极化、社会信息化、文化多样化深入发展，人类社会的发展面临前所未有的挑战，"时间之河川流不息，每一代青年都有自己的际遇和机缘，都要在自己所处的时代条件下谋划人生、创造历史。青年是标志时代的最灵敏的晴雨表，时代的责任赋予青年，时代的光荣属于青年。"① 历史发展的规律要求新时代的大学生必须担当应有的使命，承担起国家和民族未来发展的重任。习近平总书记指出："有多大担当才能干多大事业，尽多大责任才会有多大成就。"② 党的十九大报告指出，要培养担当民族复兴大任的时代新人。"青年兴则国家兴，青年强则国家强。青年一代有理想、有本领、有担当，国家就有前途，民族就有希望。"③ 这些都激励着青年将小我融入大我中，青春梦融入中国梦，实现国家富强、民族兴盛应是青年共有的家国情怀。④ 使命召唤青年，青年必须担当。在这个日新月异的新时代，大学生不仅要能够做到"风声雨声读书声声声入耳"，还要肩负身上的道义担当，做到"家事国事天下事事事关心"，以舍我其谁的勇气主动担当起人类和谐、国家富强、民族振兴、人民幸福的崇高使命。

---

① 参见习近平：《习近平谈治国理政》[M]. 北京：外文出版社 2014 年版第 167 页。
② 习近平：《在北京大学师生座谈会上的讲话》[N]. 载《人民日报》2018 年 5 月 3 日，第 1 版。
③ 参见习近平：《决胜全面建成小康社会 夺取新时代中国特色社会主义伟大胜利——在中国共产党第十九次全国代表大会上的报告》[M]. 北京：人民出版社，2017 年版第 70 页。
④ 参见石银：《习近平青年观研究》[D]. 哈尔滨工程大学 2020 年论文。

第一章 自强担当——深厚坚定的家国情怀

北京联合大学四十多年的办学实践是一段自强不息、勇担使命的历史，是立足本校实际，对应用型大学办学理念的提出、探索、深入、丰富的一个过程，作为北京市属高等院校，始终坚守"立足北京、融入北京、服务北京、发展北京"的使命担当。1978年，"四个现代化"建设百废待兴，物质条件极端困难的情境下，大学分校人在短短三个月的时间里创办36所大学分校，将各种不可能变成可能，大学分校的诞生可以说是当时特殊时代背景下不负使命、勇于担当的一大壮举，为北京地区高等教育事业的发展作出了历史贡献。大学分校带着深深的使命感，实现1.6万学子上学的梦想，解决了"文化大革命"结束之后大批返城知识青年接受高等教育的现实问题，并调整专业设置，顺应北京城市发展对人才的迫切需求，经过不断磨合，消除自身发展的各种体制机制不足，六年后合并成为北京联合大学。20世纪90年代，面对经济社会转型，针对技术人才的大量需求，北京联合大学率先提出应用型大学的办学理念和应用型人才的培养目标，再次进行专业结构调整，按照北京市高等教育发展规划要求设置学科、培养人才，大力发展高等职业技术教育，加强实践教学，取得以应用为导向的高等职业教育成绩。北京联合大学第一次党员代表大会，大会提出："立足首都，面向城乡企业、面向基层、面向生产第一线，培养德智体全面发展的适应首都经济建设和社会发展需要的应用型本科人才和高等职业技术人才，力争把我校办成具有自己特色的一流水平的现代化新型的综合性地方大学。"进入21世纪，大学扩招促使高等教育精英化向大众化迈进，北京联合大学再一次勇担使命，克服自身办学条件不足，想尽办法开拓硬件资源，提高容纳能力，改善办学条件，千方百计引进培养教学和研究人才，成功实现大幅度扩大招生，满足了北京市民让子女接受高质量本科教育的朴素愿望，为北京市的快速发展提供人力资源支持，也为北京率先在全国实现高等教育大众化普及化作出贡献。

新时代，北京联合大学面对新形势、研究新问题、迎接新挑战、担当新使命，继续传承"自强不息、勇担使命"文化基因。正视自身办学时间短、办学实力不够强的劣势，努力发展自身优势学科，充分发挥地域优势，巩固在应用型高校中的领先优势及市属高校中的影响力。党的十八大以来，习近平总书记高度重视北京的发展，明确北京全国政治中心、文化中心、国际交往中心、科技创新中心的战略定位，提出建设国际一流的和谐宜居之都战略目标。随着北京市"四个中心"战略定位、高精尖经济结构调整、以及京津冀协同发展等新形势，北京联合大学审时度势，顺势而为，因事而谋，坚持走高质量内涵式发展道路，进一步明确服务面向，满足人们对美好生活的向往。"十四五"时期，国家进入新发展阶段，北京进入落实首都城市战略定位、建设国际一流的和谐宜居之都的关键时期。学校与时俱进，制定"十四五"规划时，明确提出"坚持以人民为中心，对标北京'四个中心'城市战略定位，建设高水平应用型大学"的办学定位，使服务北京"四个中心"建设的责任与标准更加明晰，战略高度进一步提升。"以人民为中心"的价值追求则蕴含了学校扎根京华大地、服务首都市民的坚定决心，办好中国特色社会主义大学的使命担当。以提升服务北京贡献度为导向，着力提升应用型科学研究水平。以服务北京经济社会发展需求为导向，努力建设适应型专业体系。切实把学科建设作为提升学校综合实力和人才培养能力的重要任务，以高水平学科带头人带动学科建设，以高水平学科建设推动高水平师资队伍建设、高水平成果应用、高水平应用型人才培养等各方面工作，带动改革和事业发展全局，聚合"综合性"优势，实现高质量内涵式发展。探索构建新发展格局，全面提高人才培养能力和科技创新能力，统筹社会服务、文化传承创新及国际交流合作，形成特色鲜明的高水平人才培养体系，推动学校在高水平应用型大学建设道路上走在前列，为北京高质量发展作出更大贡献。高水平应用型大学是在新的历史时期，为适应城市经济社会发展需求，对自身办学定位的调整与聚焦，是在已有基础上的继承与发展，守正与创新，更加体现时代性。

第二章
以人为本
——以人民为中心的政治立场

YIRENWEIBEN

以人为本，体现了中国共产党全心全意为人民服务的根本宗旨。以人为本作为发展的最高价值取向，就是要尊重人、理解人、关心人，就是要把不断满足人的全面需求、促进人的全面发展，作为发展的根本出发点。最早明确提出"以人为本"的是春秋时期齐国名相管仲，汇集管仲众多思想观点的《管子》有言："夫霸王之所始也，以人为本。本理则国固，本乱则国危。"管仲所说的以人为本，就是以人民为本。"本"在哲学上可以有两种理解，一种是世界的"本源"，一种是事物的"根本"，这里显然是"根本"。与《书经》中"民为邦本，本固邦宁"意思相同。以人为本也是马克思主义关于人的思想的本质体现。

毛泽东同志指出，人民群众是历史的主人；同时指出，人民，只有人民，才是创造世界历史的动力。胡锦涛同志说，相信谁、依靠谁、为了谁，是否始终站在最广大人民的立场上，是区分历史唯物主义和历史唯心主义的分水岭，也是判断马克思主义执政党的试金石。在中国共产党的不懈使命追求中，始终蕴含着每个人的自由全面发展目标，而且这一目标始终如一、坚定不移、毫不动摇。

党的十八大报告把"必须坚持人民主体地位"列在基本要求首位，对《中国共产党章程》进行了修订，在总纲中的内容"在生产发展和社会财富增长的基础上不断满足人民日益增长的物质文化需要"之后，增加了"促进人的全面发展"。习近平总书记在党的十八届中央政治局常委同中外记者见面时鲜明地宣示："人民对美好生活的向往，就是我们的奋斗目标。"则更进一步表明我们党提出的发展，落脚于实现共同富裕和人的全面发展，党的十九大报告将"促进人的全面发展"、"不断促进全体人民共同富裕"同建设"社会主义生态文明"一起纳入了对中国特色社会主义道路内涵的概括表述。

校史故事的育人功能研究以现实的大学生为对象，以促进大学生自由全面发展为目标，必须贯彻党的教育方针，推动大学生的生理、心理、思想、道德、科学文化、创新创造等各方面的素质都得到充分发展，帮助每一名大学生都能按自己的爱好、特长、天赋自由选择学习的内容和方式，自由选择生活空间和职业发展方向，促进每一个大学生的主体活动都成为自己本身的主人。在实际教育活动中，还必须教育大学生解决好自身个体的发展和社会发展的关系——单个大学生个体必须置身于社会关系之中，必须注重人的能动选择和主体作用的充分发挥，从而不断超越特定历史条件的限制，全面推动个人的自由全面发展，并在此基础上促进整个人类的自由全面发展。习近平总书记说："青年一代的理想信念、精神状态、综合素质，是一个国家发展活力的重要体现，也是一个国家核心竞争力的重要因素。"① 新时代大学生是"两个一百年"奋斗目标的见证者，也是参与者，"新时代的大学生应当把个人的命运与国家和人民的命运联系在一起，立为国奉献之志，立为民服务之志，自觉把个人的理想追求融入为实现中华民族伟大复兴中国梦的奋斗当中。"②

---

① 新华社：《习近平在中国政法大学考察》[N]. 载《人民日报》2017年5月4日。
② 参见本书编写组：《思想道德修养与法律基础》[M]. 北京：高等教育出版社2018年版，第44页。

教师之光

——以爱育爱，以爱育人，以爱促学

百年大计，教育为本。教育大计，教师为本。正是一代又一代联大教师辛勤付出的点点星光，最终汇聚成联大事业发展的璀璨星空。在金秋九月，丰收之日，北京联合大学再起航。

——北京联合大学庆祝第 38 个教师节

第 38 个教师节，恰逢中秋节。2022 年 9 月 9 日，学校围绕"迎接党的二十大，培根铸魂育新人"主题，举办座谈会交流育人心得、表彰优秀教师、致敬荣退老教师，共同庆祝教师节。全体校领导、受表彰人员、教师、挂职干部、学生代表和相关职能部门负责人齐聚一堂，畅谈教书育人感悟，共谋学校发展事业。座谈会在人民公开课同步直播。

座谈会现场

座谈会上，7位教师畅谈善用"大思政课"，践行"五育并举"，用新时代伟大实践铸魂育人的探索和实践。生物化学工程学院教师李春旺结合自己从教20年的经验，分享了对"立德树人"和"亲其师而信其道"的感悟。商务学院专业负责人郑春芳分享了她对"大思政课"从课程思政、专业思政到学科思政一体化设计与实施的认识。马克思主义学院思政课教师何妍从"知行合一"的角度，分享了如何让学生在思政课有兴趣有收获的思考。艺术学院美术系教师戴文俊分享了通过打造"溯源红色"教学实践品牌等一系列课程思政教育教学改革，取得显著育人成效的心路历程。体育教师陈晓莹从教师和教练员双重身份的角度，分享了她对新时代"以体育德、以体益智、以体健美"理念的认识和理解。旅游学院餐饮管理系教师姜慧分享了引领烹饪相关专业学生通过社会实践，以劳育人的生动案例。管理学院辅导员李毓分享了带领学生在服务冬奥这堂"大思政课"中锤炼成长，厚植家国情怀，担当时代责任的感人故事。

师范学院学生张欣深情回顾了自己作为冬奥会志愿者服务于张家口云顶滑雪公园赛场时，学校和老师对她的关心关爱，在她最艰难的时刻给予的精神支持，以及她通过冬奥会志愿服务实现自我价值，深刻认识新时代中国伟大成就的成长经历。

师生们的分享也是对学校一年多来立德树人举措和成效的回顾和总结。学校党委坚持以"大思政课"统筹思政课、课程思政及日常思想政治教育，引导学生立大志、明大德、成大才、担大任。从顶层设计出发，从制度建设入手，坚持"五育并举"，深入推进体育、美育、劳动教育三大实践教学基地建设，引领联大青年在祖国的广阔天地中锻炼成长。

校党委书记楚国清对获得首都劳动奖章、2021年北京榜样、2022年北京市优秀教师、2021年北京市十佳辅导员、2017—2021年度北京市档案工作先进个人、2022年冬奥会冬残奥会北京市先进个人奖项的教师进行了表彰。为教龄满30年教职工代表颁发了荣誉证书，为荣退教职工代表赠送了新版校徽。

获奖教师与校党委书记合影

座谈会当天，楚国清、郭福、王爱军等校领导前往管理学院工商管理系和艺术学院数媒系的教研办公室，探望慰问辛勤工作的老师们，向老师们赠送节日礼物，表达节日祝福。校领导和老师们围绕教学科研、人才培养、工作生活等内容进行了深入的交流。让老师们在带着丝丝凉意的北京早秋，心中暖意融融。

随后进行的座谈会，以视频短片《老师，节日快乐！》开始，致敬老师，感谢师恩。会场里摆放的精美月饼和曲奇饼干由旅游学院餐饮系学生亲手制作，送给老师。座谈会现场，美丽的鲜花、热烈而经久不息的掌声表达着对孜孜不倦、传道授业的老师们的祝福和感谢。这个教师节也让老师们感觉到爱心满满。

楚国清表示，联大近些年取得的成绩，离不开全体联大人的共同努力，收获的育人成效离不开全体教师的爱岗敬业和仁爱之心。他指出，要成为"有理想信念、有道德情操、有扎实学识、有仁爱之心"的四有好老师离不开

校领导慰问管理学院工商管理系和艺术学院数媒系教师

"爱"的倾注。全体教师要以爱育爱、以爱育人、以爱促学。学校将会在学生培养、教师发展、教育教学体系改革上继续发力,让同学们和老师们更有获得感、幸福感、安全感,以温度孕育联大发展的新高度。希望全体联大人凝心聚力,在"十四五"期间取得事业发展的新成绩,以实际行动迎接党的二十大胜利召开。

郭福表示,楚书记的讲话对老师们提出了更深层次的发展要求和更殷切的希望,请老师们以"爱"凝聚人心,汇聚力量,最终落实到以"大思政课"建设为抓手,全面提高人才培养质量,为把我校建设成为有温度的大学共同努力奋斗。学校也将出台"1+N"教师全生命周期职业发展支持计划,以满腔热情专注教师发展,改善教师待遇,关心教师健康,维护教师权益,让老师们安心热心从教,顺心齐心发展。

百年大计,教育为本。教育大计,教师为本。正是一代又一代联大教师辛勤付出的点点星光,最终汇聚成联大事业发展的璀璨星空。在金秋九月,丰收之日,北京联合大学再起航。

暖心"毕业寄"

——用心用情服务学生

> 为向毕业生传递疫情特殊时期的母校温情，扎实做好学生毕业离校保障服务，辅导员提前通过电话、微信等多种方式，点对点统计学生物品打包寄送需求，及时掌握更新动态变化，充分尊重学生意愿，做到"一人一策"，为毕业生提供周到、细致的"离校服务"。
>
> ——2022届毕业生"毕业寄"工作纪实

为切实保障2022届毕业生离校工作安全稳步进行，学校党委多次召开专题会议，根据北京市和学校疫情防控工作要求，结合学校实际，部署和推进毕业生离校各项工作。2022年6月28日至7月9日，学校为无法返校的1600余名京外毕业生进行了行李物品整理、打包和邮寄工作。校领导、各相关部门教职工、学院党政负责人、辅导员班主任、专业教师等，积极参与到此次行李打包寄送工作中，用心用情为2022届毕业生安全顺利离校做好暖心"毕业寄"。

为向毕业生传递疫情特殊时期的母校温情，扎实做好学生毕业离校保障服务，辅导员提前通过电话、微信等多种方式，点对点统计学生物品打包寄送需求，及时掌握更新动态变化，充分尊重学生意愿，做到"一人一策"，为毕业生提供周到、细致的"离校服务"。校领导多次到学生宿舍打包寄送工作现场看望教师员工，现场了解毕业生行李寄送需求。由各学院党政负责人、

第二章 以人为本——以人民为中心的政治立场

校党委书记楚国清、校长郭福指导学生物品邮寄工作

辅导员、班主任、后勤宿管人员等教职员工组成的打包团队和学生志愿者团队，进入学生宿舍，与毕业生视频连线逐一确认物品，确保每个物品能够妥善安排。在这次特殊的"毕业寄"中，随同毕业行李一同寄出的还有一份学校文创暖心大礼包。

各学院教职工为毕业生打包行李物品

第二章　以人为本——以人民为中心的政治立场

截至 2022 年 7 月 9 日，学校已累计完成 1660 多名毕业生的行李整理打包和邮寄工作，这些包裹既承载了学校对 2022 届毕业生的爱和祝福，又饱含了老师对同学们的浓厚情谊，祝愿 2022 届毕业生们在这个特殊的毕业季留下一份美好温馨的特殊记忆。

辅导员与你在一起

——同心抗疫，温暖陪伴

> 同心抗疫，温暖陪伴。辅导员老师们始终与同学们在一起，守护着大家的健康安全，用心、用情、用爱践行使命与担当，传递温暖与力量！我们坚信，每一位辅导员的付出和努力，都是战胜疫情的强大动力！没有一个冬天不可逾越，没有一个春天不会到来，校园无恙，师生安好，是我们的共同目标，让我们携起手来，同心抗疫，共克时艰！
>
> ——联大人战疫实录

2022 年底，北京市疫情仍处于较快发展期。学校多个校区相继涉疫，辅导员老师们第一时间奋战校园疫情防控第一线，化身为大白、小蓝，主动"留校值守"，入住学生公寓，舍小家为大家，坚持 24 小时守护不断线，全身心投入、全天候陪伴、全方位育人，用责任与担当筑牢学校疫情防控的"最前线"，用心用情爱守护学生的生命健康，传递温暖与力量，用自己的实际行动展现了联大的育人温度。

守望相助，辅导员一直都在

11 月 19 日早 6：58，北京市朝阳区疾控中心的电话打破了外馆斜街校区宁静的校园，学生中出现核酸异常，疫情就是命令，防控就是责任，在学校和学院领导指导下，辅导员队伍即刻转入"战时状态"。学院领导和驻守在校

第二章 以人为本——以人民为中心的政治立场

内的辅导员通宵达旦，将一间会议室化作"小家"，落实每项疫情防控任务，学院党委副书记吴庆在一线参与学生工作指挥，辅导员刘世豪变身"大白"，勇担核酸检测信息录入员。今年刚刚入职的辅导员杨雅茹第一时间换上防护服只身前往"十混一"女生宿舍了解学生情况，给学生们发放抗原试剂。詹小冷、杨雅茹老师陪同阳性及密接人员转运至集中隔离点。学院校外女生宿舍地处安华里社区内，一直是学校、学院担心的阵地，辅导员孙君镕化身楼宇"大白"，为同学们做抗原鼻拭子检测；带领学生党员每天1-10楼为同学们送三餐、量体温、打热水、收垃圾、打扫厕所、打扫澡堂、楼道消毒；身体看似娇弱的她在工作中充满着有限的能量。

守初心，保安全，做最美逆行者

11月4日，特殊教育学院接疾控中心通知，一名学生被判断为密接，18日校区内突发疫情……，往日充满活力的校园接连被摁下"暂停键"，师生共同经历着一次次挑战。

学院辅导员们闻令而动，逆行而致，舍小家保大家，冲锋陷阵在学生工作一线。在接下来的日子里，校园值守、运送物资、宿舍答疑、情绪安抚，学生在哪里他们就在哪里，学生有什么困难他们必然倾力帮忙。特教学院学生工作办公室在校、院的指导下立刻组织辅导员摸排、上报学生情况和应急工作。

学工办主任寇蕴已经连日住在学院值守，第一时间赶赴现场。辅导员赵磊来不及安顿好家中生病的老人和需要照顾的小孩，就赶回学院，发布公众号推送、制作暖心视频、排查学生舆情；李爽刚到达北五环外的家中，就又背起行囊回到校园，两小时内穿行北京"16环"后，立刻投入工作；王昕到达学院后直奔宿舍，不断地打着手语与学生交流，解决学生困惑，安抚焦虑的学生；梁辉老师抛下正上小学的儿子，身体不适到医院完成检查后火速投入值班一线，傅子健周五刚回到怀柔家中，听说校区有阳性病例后，毫不犹豫地说,"需要的话我马上赶回学院,时刻准备好等待调遣通知。"

最是风雨见初心,危难时刻显担当。在各方的共同努力下,蒲黄榆校区迎来降级管理。特殊教育学院辅导员团队扎根在一线,全情投入,做到守初心,保安全,做最美的逆行者。

参与疫情防控的特殊教育学院辅导员合影

学生在哪里,辅导员就在哪里

11月24日11:10,应用科技学院接到通知,一名学生核酸异常,校区启动应急机制。在学校和学院的领导和指挥下,学院辅导员队伍迅速进入"战时状态"。关键时刻,学院党委副书记唐昊指挥在校辅导员立即投入战斗。刚入职2个月的辅导员贾平逆行前往确诊同学宿舍,组织学生有序前往健康驿站隔离观察、发放抗原检测、有序转运到酒店隔离。刚入职4个月的辅导员李静如配合学院疫情防控指挥部协助流调、统计人员数据、组织学生进入闭环管理、安抚学生情绪等工作。辅导员郭磊主动请战,小区刚解封就义无反顾回到学院内入住发生疫情的学生公寓,保障同学们三餐和饮用水按时配送、处理公寓内突发状况、防疫物资协调分配、指挥培训一线志愿者、只身前往确诊同学宿舍陪伴等待120负压救护车转运、安抚确诊同学等等。学工办孟祥影进驻隔离酒店，时刻战斗在最一线，与学生共进退。

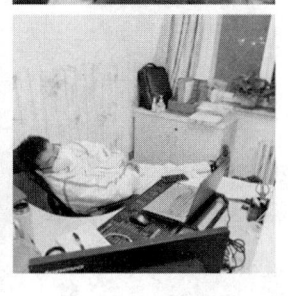

疫情防控期间在学生宿舍和办公室坚守的应用科技学院辅导员

他们是学生们的主心骨、知心人

11月27日，应用文理学院出现"十混一"突发情况，学院党委副书记李岩立即启动学生工作预案，辅导员刘守合、朱丽华、李娜、曹玉峰、王岩在一小时内全部进驻学院，不畏疫情风险，进入阳性同学宿舍，积极开展学生物资运送、学生心理疏导、相关人员转运等工作，用心用情做好突发疫情状况下的学生辅导，成为学生们的主心骨、知心人。刘守合、曹玉峰两位老师每日上午穿梭21层宿舍楼进行上门核酸，在核酸过程中，逐个宿舍敲门，一对一核对信息，并借此及时关心慰问每一名学生，逐一解决学生的个性化需求。李娜老师通过微信群及时收集学生的各类诉求，依次上门服务，深夜为教学楼观测点的同学张贴玻璃纸等等，及时解决学生的每一个诉求，对于焦虑恐慌的学生一对一贴心辅导。王岩老师转运学生至深夜，尚未入眠的她凌晨 2 点又接到通知一名呕吐眩晕急需就医的女生需要外出就医，期间面临 120 运力紧张、医院隔离点满员等种种突发情况，王岩老师用爱心和细心全程陪伴学生，直到第二天上午才返回学院。朱丽华老师每天组织后勤人员、学生志愿者为分布在各个点位的学生的 500 名学生及时送餐上门。一幕幕令人感动的瞬间、一趟趟穿梭宿舍与隔离点，展现了联大人敢于担当、勇于奉献的抗疫精神，也充分展示了联大人的向心力、凝聚力和战斗力。

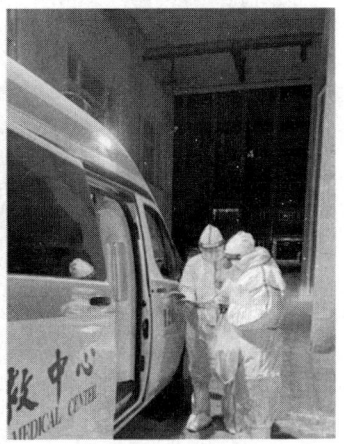

应用文理学院辅导员在运送防疫物资和协助转运学生

他们是温暖的传递员

11 月 28 日下午 17 时，接疾控部门通报，红领巾桥校区核酸检测点出现"十混一"异常，校园骤然进入"战时状态"。辅导员们闻令而动，核查人员、摸排情况、安抚情绪，线上线下，哪里有学生，哪里就有"引路员""解释员""安抚员"。学工办主任姜永波刚调入学院，临危受命，他边熟悉环境，边统筹工作，始终奋战在一线：摸排留校学生信息、组建党员服务队、划定

第二章 以人为本——以人民为中心的政治立场

生活分区、召开全员留校学生会议、答疑解惑、解决学生实际问题等等;辅导员余梓蓉所在小区刚结束封控,收到召唤后就立即到院报到,答疑解惑、安抚学生;其余辅导员因社区疫情无法到校,他们利用网络,将关心关爱传递到每一位在校学生。12月1日凌晨2时,学院46位密接转运,各位辅导员老师全程线上陪同,提醒学生要做好防护,指导学生要收拾的物品,叮嘱学生转运时的注意事项。事后更是建立转运群,时刻解答学生的疑惑、协调解决学生遇到的困难。

哪里需要,哪里就有辅导员

生物化学工程学院在疫情严峻时刻,开始实行封闭式管理,家住北五环的夏时雨老师接到通知需要入住学院进行值班值守,没有丝毫犹豫,连夜收拾换洗衣物,隔天一早便入住学院,协助学院开展学生管理工作。住校辅导员魏靖涛积极承担学院分配的工作,敢于承担急难险重事务。其他辅导员也纷纷表达了随时进校听候调遣的想法,在各自岗位上为学院的稳定贡献了自己的一份力量。住校值守辅导员以学生之事为大事,帮助同学们排忧解难,解决实际问题。在学院封闭式管理的一天夜里,他们临时接到学院小卖部的员工成为密接的消息,辅导员和学生党员连夜学习操作小卖部收银程序,成为"超市收银员",保证同学们日常用品的供给。

生物化学工程学院辅导员在给学生发放防疫物资

由于工体北路校区的食堂在校外，为了减少学生与社会面接触，机器人学院党委副书记那日松立刻组织全体辅导员摸排学院住宿学生数量，统计在校少数民族就餐情况，第一时间为学生送上热乎的饭菜。辅导员在为学生分发餐盒的时候，详细询问同学们的口味、菜量，将这些一一记录下来，反馈给食堂，为学生提供最温暖最贴心的服务。全体辅导员"守土有责、守土担责、守土尽责"，加强关怀、及时关注、有效疏导，有温度有感情主动关爱学生，同时，在就业的关键时期，帮助学生化解疑虑和担忧，开展线上就业招聘等活动，做到疫情防控和学生就业"两不误、双促进"。

有辅导员的地方就有力量和希望

12月1日，接疾控部门通知，北四环校区南院1名人员核酸检测结果异常，校区各学院辅导员第一时间进驻校园，立即展开数据统计、保障物资运送、做好学生心理疏导、逐一了解学生诉求，齐心协力守护在校师生安全。

旅游学院辅导员曲静、乔晶驻守校园，深入学生宿舍与留校学生谈心谈话，耐心细致地与学生沟通交流，做好学生的思想工作，及时关切学生需求，帮助学生解决各种问题，同时两位辅导员老师担起校园疫情防控的志愿者，协助核酸检测、校园疫情防控。辅导员们多次深入学生宿舍、召开线上会议以线上线下相结合的形式讲解目前疫情形势和学校相关政策，及时了解、时时关注学生情况，做到不落一人。

智慧城市学院接到4号宿舍楼某同学在当日返乡后检测出抗原阳性通知后，学院副书记王颖作为楼长，第一时间赶赴现场，并在途中向12名由学院辅导员和专业老师组成的层长队伍安排工作。由于前期工作扎实，迅速定位该生所在宿舍位置，摸清了宿舍内人员情况，并及时通知同学回到宿舍戴好口罩，听从安排。不到一个小时，在校医院的指导下，迅速确定了7名密接同学并安排了隔离。随即，在驻楼刘革老师的组织下，四层96名同学做了抗原自测，层长老师们逐个宿舍督促核对，确保一人不漏。组织安排全楼当日未做核酸的同学有序补做核酸。晚23点多，经过五个多小时紧张忙碌有序的工作，应急处置工作基本结束。学院辅导员和专业老师们紧密配合，每天早晚不间断地与每个宿舍做好沟通，关心问候，发现问题，维护台账，为时刻维护好校园疫情防控安全竭尽全力。

轨道交通与物流学院蔺梦雄，作为一名新入职的辅导员老师，主动请缨，身居一线。积极配合领导工作，工作之余，积极深入宿舍，关心关爱学生的生活学习情况。及时了解、解决学生所出现的问题，尤其是网格化核酸及平常的值班值守。乌力汗老师自11月24日至今，工作在学生工作第一线，一直在校园值守，深入宿舍，疏导5号宿舍楼集中核酸检测，关心关爱康驿站学生，及时解决在校生们学习生活中遇到的各种问题，了解学生思想动态，与在校生同吃食堂，同住校园，与学生一起共同抗疫，守护校园。

管理学院辅导员第一时间进驻校园，倾听学生心声、了解学生困难，积极给予帮扶并进行情绪安抚，统筹推进各项工作。学院党委副书记王琪落实网格化工作，刘园、孟秀霞、田小兵、廖祎、赵培灼等辅导员提醒在宿学生核酸检测、安排学生取餐、做核酸路线顺序，还与离校学生保持联系，保证在宿和回家学生一切顺利。曹敏、郭开宇、李毓等辅导员老师每晚核对统计学生宿舍扫码人数，协助宿舍管理员细化学生宿舍管理方案。在有学生转运需要送生活用品时，廖祎和李毓老师及时对接，迅速将行李送到学生手中，并在学生入住隔离点后每天了解学生状态，将关心关爱融入每个工作环节。

艺术学院党委副书记曹海娟布置为2号宿舍楼管控期间送餐和核酸工作，辅导员张奕、张慧两位老师每日深入学生宿舍，宣传政策，统计数据，督促扫码，送去关心、解决困难，了解学生思想动态，对学生关心关爱的同时积极引导学生遵守学校防疫规定。宋歌在得知学生返乡确诊后，一方面积极配合学校疫情防控专班工作全力排查；另一方时刻关注学生的身体状况，加强对学生的心理疏导，通过耐心细致的家校沟通，保障学生正常参加线上教学及身心健康，做到让学生安心、家长放心。张雪琪、张新谛每天坚持每一间寝室上门叮嘱，确保第一时间精准掌握动态信息，多次往返行动不便的同学宿舍帮他们解决校园生活问题。孙大鹏连续14天校园坚守，临时把"家"安在学校，与同学们同吃、同住、同行，了解同学们的思想动态和生活需求，帮助同学们解决实际困难，24小时在线，全力守护在校同学们的平安。

12月2日晚，7号宿舍楼发现一名研究生核酸结果异常，马克思主义学院党委副书记冯丽霞作为楼长第一时间入楼开展工作，调动层长宿舍长管理网络迅速配合学校做好应急相关工作。7号楼是北四环校区唯一在校外的宿舍，根据学校要求最近进行了闭环管理，冯老师充分发挥学生党员和入党积极分子作用，组织了志愿者突击队，完成每日的送餐任务，分发口罩等，时刻关注学生的生活学习需求和思想动态，作为楼长的她战斗在抗疫第一线。

疫情防控期间，各学院学工队伍都严阵以待，加强网格化管理，每天坚持核查在校学生相关数据，高度关注校内学生的情绪状态、身体健康和诉求，及时回应和解决学生的各种问题，加强服务保障，做到'有求必应'。加强对居家学生特别是独居学生学习、生活的关心关注，了解学生们的学习生活困难、身体健康状况和心理状态，积极做好学生思想引导，坚定全体学生"齐心抗疫，共克时艰"的信念，让学子、让家长深深地感受到，有辅导员的守候，就有力量和希望。

校友抒怀

——我和母校共奋进

  回顾与母校共奋进的这三十年多年的经历，他颇为感慨地说道："我大学毕业留校任教这三十多年一路走来，亲眼所见母校一天天地成长壮大、教学和科研等方面取得了一个个骄人的业绩，我为自己能在母校的发展过程中做一些力所能及的事而感到骄傲和自豪！"

——北京联合大学健康与环境学院退休教师赵欣华

  赵欣华作为应届高中毕业生，于1978年考入北京化工学院第一分院化工机械专业（现北京联合大学健康与环境学院），1979年2月走进大学殿堂，实现了他梦寐以求的理想——在高校求学求知，争取成为一个有文化、有理想、有作为的人。四年的学习光阴转眼即逝。1983年，赵欣华大学毕业之后，留校任教，先后做过教学、科研、系主任、图书馆馆长、专职纪检监察员等工作。

  提及在母校读书、工作这四十年走过的路，他激动地说道："在我人生的60年中，有40年的时间与北京联合大学生物化学工程学院（现北京联合大学健康与环境学院）并肩前行。四十年来，我见证了母校由小变大和由弱变强、见证了母校在实践中实现生存与发展走过的每一步，也见证了历届校院领导和全院师生为母校的发展建设艰苦奋斗、勠力同心的集体力量……这一切，至今历历在目且无法忘怀。"

  提及母校这四十年来的发展变化，赵欣华颇为感慨地说道："年轻的老师和同学们可能有所不知，现在我想起这些，内心仍旧心潮澎湃，不禁泪眼婆

校史故事的育人功能和作用研究

赵欣华班级合影

婆。北京联合大学下属的'健康与环境学院',至今在40年历史上已是第五次更改院名了(北京化工学院第一分院、北京化工学院分院、北京联合大学化学工程学院、北京联合大学生物化学工程学院、北京联合大学健康与环境学院)。这一发展变化,既能反映出母校在办校过程中根据社会发展对人才所需而进行的教育教学改革,也真实地体现了什么是跌宕起伏、什么是与时俱进、什么是生存与发展并进的真谛。"

当时的北京联合大学化学工程学院校门

第二章 以人为本——以人民为中心的政治立场

他说道，1978年10月，北京化工学院第一分院建院初期时只有三亩八分地。1979年2月，当他作为第一届578名学生一员走进这三亩八分地的大学殿堂时，第一感觉是校园小、活动场所少、图书馆藏书仅5000册左右，在校生都是走读生，可以说，学习条件十分艰苦、学习生活"十分枯燥"。有一句话说得好"水不在深，有龙则灵"。校园虽小，但母校的师资队伍是一流的，赵欣华在老师的指导下不但学有所成，大学毕业后，他还走进了教师的行列，站在五尺讲台上教书育人、润花著果，同时，他与母校同舟共济四十年，亲眼见证了母校在这段时间发生的天翻地覆的变化。

举例来说，北京联合大学化学工程学院初期没有操场、没有实验室、没有合班教室，体育课和实验课等教学活动必须到北京化工学院（今天的北京化工大学）完成。今天的健康与环境学院，校园面积达到约120亩、图书藏书上百万册。1996年，学院从什刹海前海东沿50号搬到垡头西里三区18号。近年来，北京联合大学院校之间和学院内部的专业调整和资源的整合，无不让赵欣华深刻感受历届校院领导和全院师生为生存与发展所付出的一切。可以说北京联合大学40年的发展史，既是一部平凡史、艰辛史，更是一部全校师生尽职尽责尽心尽力的担当史、奋斗史！

做事先做人　受益享终生

1986年5月，新婚不久的赵欣华接到学院通知，得知上级要求学院派一名教师参加1986年7月至1987年7月北京市组织的第一批讲师团前往京郊支教，院领导希望他能代表学院参加，他二话未说就答应了下来，前往当时的房山县（现为房山区）十渡中学支教。

1986年京城的生活水平虽然不及现在，但与当时京郊相比要好很多。十渡中学的学生们不但穿着带补丁的衣服，而且部分学生上学还要走20里的山路。学校办学条件也挺差的，如，经常停电，晚上学生需点着蜡烛学习，赵欣华则要点着蜡烛判作业；又如，冬天山里很冷，教室里没有煤火，学生们的手被冻出一道道口子，并且吃的也很差，主食以玉米面窝头为主，菜也很少，但学生们没有怨言，对他们来说，能坐在教室里上课已经很满足了。山里的学生这种不辞辛苦努力学习的精神，令赵欣华在感慨万千的同时，也深刻体会到讲师团支教工作的深远意义。他暗暗下定决心，一定要通过自己的微薄之力，帮助他们走出大山、实现梦想。

赵欣华结合学生的实际情况，课前认真备课，自己制作教具；课上，他认真授课，结合实际案例深入浅出地为学生讲解；课下，他帮助学生们辅导且有问必答，全身心地投入教学之中，自己则是几个星期回家一次。当时是六天工作制，他偶尔在周日回家时，也不得不在周一凌晨三点起床，肩背给山里学生们带的慰问品和物品，匆匆忙忙赶上永定门火车站 6 点 07 分开往十渡的火车、8 点 50 下火车，上午 10 点开始给学生上课。

经过一年的朝夕相处，他和十渡中学的学生们结下了深厚的友谊，也使他们的学习成绩取得了显著提高。

30 多年过去后的今天，他依然记得临别前最后一堂课的场景，学生们泪流满面哽咽地低头学习、期盼着他能留下为他们继续上课；他也是强忍着不舍上完课，独自一人来到学校角落，潸然泪下。

离别的当天，他独自一人在校门口站了很久……当时的北京联合大学化工学院院领导、院工会的领导驱车到十渡中学接他，使他感受到了母校的温暖，他没敢惊动学生们，早早离开了学校。时到今日，他和当地教师和学生仍有往来，三十几年的师生情怀，无法忘却。

在他看来，正是当年的经历锻炼了他、培养了他，使他养成了认真负责、不畏艰辛、甘于平凡、坚守诚信、勇担责任、勇于担当的性格和品质，可谓受益终生。

耕耘方收获　真情抚吾心

1996 年—2008 年，赵欣华担任北京联合大学化工学院学生工作部部长。

这一期间，他与学生的朝夕相处，设身处地地为学生们着想，帮助他们解决学习和生活上遇到的困难和问题，受到了大家的好评。

学生工作的重点是为在校生提供全方位的服务，经常要加班加点为学生排忧解难。1998年10月，赵欣华被查出患上了糖尿病，需要住院治疗。住院期间，师生们于百忙的工作或学习中抽空前来探望他，他的心里也是始终放不下工作，又恰逢学校20年校庆，于是，他向医院请了假，拖着病体回学院参加校庆。没有想到的是，当他刚踏进校门，站在操场和学生宿舍楼的同学们纷纷鼓起掌来，此情此景使他热泪盈眶，深感世间情为何物。师生们纷纷迎上来向他表达关心和慰问，几位平时调皮捣蛋经常被他批评的学生主动跑上来，搀扶着身体虚弱的他……当他看到一张张熟悉的笑脸，听到一声声亲切的问候，他不禁心潮起伏感慨万千，此时此刻的他真真切切地感受到了什么是"肺腑真情"，深深地感受到自己付出渺小却收获颇丰。

光阴似箭，赵欣华三十六年的职业生涯转眼就结束了。2018年8月，他走下工作岗位、走进了退休教职工队伍。

回顾与母校共奋进的这三十年多年的经历，他颇为感慨地说道："我大学毕业留校任教这三十多年一路走来，亲眼所见母校一天天地成长壮大、教学和科研等方面取得了一个个骄人的业绩，我为自己能在母校的发展过程中做一些力所能及的事而感到骄傲和自豪！"

赵欣华从"平凡、诚信、责任"的角度，对自己这三十多年的工作经验和人生感悟做了诠释。为人讲诚信、做事担责任的他在平凡的岗位上付出了辛勤的汗水、收获了丰硕的果实。

校友抒怀

——难忘的大学生活，有益的学生工作

> 当中国女排在世界级强手面前以敢于拼搏、为国争光的大无畏的气概最终赢得冠军的那一瞬间，同学们欢呼跳跃欣喜若狂热泪盈眶，纷纷表示：中国女排精神的魅力已超越了体育本身，我们要向中国女排学习，激发学习的主动性、自觉性，为毕业后为社会主义发展建设添砖加瓦而奠定扎实的基础。
>
> ——记分校时期北航一分院学生会

1978 年，北京航空学院第一分院（简称北航一分院）与清华大学分校、人民大学分校、北大分校等首都各大学分校一起伴随着改革开放应运而生，为广大知识青年敞开了高校的大门、提供了深造机会。1979 年春节后，北航一分院迎来了来自北京各地区、各行业、各中学的第一批大学生，没过不久，第一届学生会也随之产生了。

当时的学生会是在院党委的领导及院共青团组织的指导下开展活动的。学生会不但是在同学们中开展德智体各种活动的组织，更是学院党政及共青团组织联系学生的桥梁和纽带。

我作为北航一分院 1978 级的学生，有幸成为学院第二届学生会的主要负责人。在第一届学生会开展各项工作和活动的基础上，第二届学生会的各位委员充分发挥积极性和主动性，配合学院党政和共青团组织在校园文化建设工作的过程中，丰富和拓展学生会活动的内容，为同学们提供全方

位的服务。

朝气蓬勃的学生会干部

记得在 1981 年的上半年，学生会开展了一项颇有意义并博得同学们一致好评的活动，那就是在学生中推广和普及交响乐知识和欣赏活动。

为此，我与学生会的几位负责人、文艺部的部长经协商后，决定邀请我国交响乐事业的奠基者和拓荒者、中央交响乐团著名交响乐指挥李德伦先生到学院做有关如何欣赏交响乐的专题报告。但由于我们没有李德伦先生的联系方式，所以到处打听几经周折后才与李德伦先生联系上。当他得知我们迫切希望他到校给同学们做专题报告后，欣然接受了邀请。

这场专题报告的地点在学院唯一的一个能容纳二三百人的大教室，由于场地和座位有限，一些学生不得不站在教室的后面或簇拥在教室门口。

李德伦先生在报告中简要介绍了交响乐的基本知识之后，着重对如何欣赏世界著名的交响乐乐曲做了诠释，潜移默化中使我们进一步了解到交响乐是音乐中的音乐，其魅力就在于音符、旋律在人的心中引起的共鸣，同时，点燃了我们欣赏高雅音乐的热情。

值得一提的是，报告会结束后，德高望重的李德伦先生婉言谢绝了学生会给予的微薄报酬。他的这种爱业敬业精神和廉洁自律精神，值得我们学习。

这次报告会后的一段时间内，在北航一分院78级同学中兴起了欣赏交响乐的热潮。交响乐不但使我们感受到了心灵上的洗涤和震撼，而且提高了我们的艺术文化素养，对专业知识的学习也起到了一定的推动作用。

为进一步丰富在校生的业余文化生活，学生会文艺部、体育部积极配合学院团组织开展了多项文艺和体育比赛活动，如冬季长跑比赛、文艺汇演和班级桥牌比赛等，同学们积极踊跃报名参赛。对大家来说，输赢是次要的，重要的是来自各系、各年级的同学们在各项赛事过程中，展示了自己的才华、焕发了青春活力，凝练了意志品质、培养了团队精神。

记得1982年中国女排赴秘鲁参加第9届世界女排锦标赛时的几场关键比赛电视转播期间，诸多同学表示愿意在学校大家一起观看。但这并不是想在校看就能看的，还需得到学院教学、后勤和保卫部门的支持和同意，既要保证不出安全事故，还要确保不影响第二天的教学活动。为了满足大家的这一愿望，学生会有关负责人跑前跑后做了大量的协调工作，最终得到校方有关部门的支持和同意，顺利地组织同学们集体观看了赛事。当中国女排在世界级强手面前以敢于拼搏、为国争光的大无畏的气概最终赢得冠军的那一瞬间，同学们欢呼跳跃欣喜若狂热泪盈眶，纷纷表示：中国女排精神的魅力已超越了体育本身，我们要向中国女排学习，激发学习的主动性、自觉性，为毕业后为社会主义发展建设添砖加瓦而奠定扎实的基础。

除此之外，学生会学习部在学院教学管理部门与同学之间搭起了一个互通有无的平台，为学生与校方交流和疏通不同意见、及时解决学习上遇到的问题等；生活部则配合学院后勤管理部门，在全院各班开展爱国卫生运动，定期检查和评选卫生优秀班集体，为建良好的班风、校风起到了应有的作用。

20世纪80年代初期，北航一分院学生会在发挥学校党政、共青团与学生之间的桥梁和纽带作用等方面，取得了显著的效果，办出了特色和水平，受到了当时的北京团市委大学部领导的肯定和表扬。

1982年暑假期间，我代表北航一分院学生会作为首都各大学分校学生会组织的代表，在北京地区高校学生会主席联席会上主题发言中，介绍了自己几年来参与学生会工作的经验和体会，得到了与会团市委领导和与会者的赞扬。

1982年团市委领导与北京地区高校学生会主席联席会部分成员合影

难忘的大学生活、有益的学生工作，不但丰富了我和同学们的人生经历，也书写了分校时期北航一分院学生会一段难忘的历史。

残健融合

——让阳光照进生命的裂缝

> 北京联合大学特殊教育学院成立于 2000 年 9 月，是我国第一所残健融合、综合性的特殊教育学院。"残疾人需要一种发自内心的尊重：既不仰视，也不俯视。""残健融合，终究是一条很长的路。"
>
> ——北京联合大学特殊教育学院侧记

在北京联合大学特殊教育学院教盲生近十年，张爱民才真正理解学生们的世界。"一个人要有多强大的内心，才能在一生的黑暗中克服这种绝望。"木马童话黑暗餐厅里，墙壁和厚重的遮光布阻断了一切光线，张爱民身边能发光的物体全部被收走。张爱民把手搭在学生周昊雨的肩膀上，走进房间。最厚重的黑暗从她四周压来，她感受不到任何光线，只能跟着周昊雨一步一步向前挪。

"老师你往前走，这里没有障碍物。"周昊雨的话，张爱民根本不信。她很害怕。坐到餐桌旁边，大概过了五分钟，她的胸口开始发闷，所有感知能力都在下降。饭菜上来了，她尝试进食，手在桌面上乱摸一通，抓了一手蘸酱。她坐不住了，离开了这个房间。对于她来说，在黑暗餐厅的几分钟是一次短暂的"失明"体验，但对于她的学生们，这是他们数十年如一日的生活。

残缺的世界

周昊雨的童年总是很孤独。小伙伴们打雪仗时，他瞄不准也躲不及，男

第二章 以人为本——以人民为中心的政治立场

北京联合大学特殊教育学院的视障学生正在录音棚为冬残奥会开幕式录音

生嫌弃他,女生也拒绝他加入。只有一个小女孩愿意接纳他,他蹲在地上团起雪球,递给小女孩,由她丢向对面的孩子。当时的周昊雨,虽然看不清,但还能看到女孩衣服的颜色。第一次见到她,女孩坐在他的右边,扎着一个马尾辫,穿着一件蓝白格子的衬衫。这是周昊雨为数不多还能看到东西的时光,视力下降得太快,后来他的世界里只剩下微弱的光点和大片的黑暗。

出现视力障碍之前,姚庆敏的学习成绩很好。她总是争着考第一,考到第二甚至都会大哭一场。10岁那年,她的视力迅速下降。经检查,她得了先天性视网膜色素变性。

这种病在不同人身上的体现并不相同,相比周昊雨的略有光感,姚庆敏很难形容自己的世界——可以清楚地看到身边路过的一只蚂蚁,却无法看清眼前行驶的车辆和手中的试卷。有时骑着自行车她就撞上了路边的栏杆;个子很高,却被老师一排一排往前挪。她想逃避,不管是学习还是生活。她从班级第一变成了倒数第一,连当地最差的高中都没有考上。

12岁,错过了语言康复训练的最佳年龄,杨小燕说出来的话只有父母能听得懂。小时候,因为用错药物,杨小燕失去了听力。在她附近放鞭炮,她只能听到一点点，巨大的噪声对于她来说也只是耳膜的共振，不能带来任何有效信息。植入人工耳蜗之后，她可以听到周围大部分的声音，但是语言恢复却很艰难。妈妈形容，杨小燕小声说话像蚊子哼哼，再大点声像打炮，经常把握不好分寸，把别人吓一跳。

就语言康复来说，王跃龙要比杨小燕幸运得多。一两岁的时候，母亲就发现了他的异常——和其他小孩玩的时候，王跃龙不爱说话，也不爱回应。趁他不注意，母亲拿大喇叭从他身后喊，他依然没有反应。

他被诊断为先天性听力一级障碍。这属于听力残疾中最严重的等级，在日常生活中，没有助听器的帮助，王跃龙基本听不到任何声音。但因为发现得早，并且及时佩戴助听器进行语言康复训练，尽管说话有些磕绊，语调有些奇怪，王跃龙仍算是可以正常说话的。康复医生评价他："听力一级障碍能正常开口说话，属于医学上的奇迹了。"

为了不落后健全儿童太多，母亲咬咬牙，狠下心让他进入普通小学和初中读书。他就像普通的小孩一样，听课、读书，努力让自己看起来不特殊，也从不会主动说自己听力不好。有人听着奇怪，问他口音为什么这么重；有人看出他是个聋人，故意把说话语速加快。小时候听到这些，他只能憋在心里。长大了，工作了，依旧会遇到这样那样的刁难，他也学着放下。"残健融合，终究是一条很长的路。"

教残障生是个良心活儿

在音乐学专业负责人张爱民看来，教一个视障学生的困难程度胜过教十个普通学生。老师们要像解剖麻雀一样把曲谱分成许多细小的部分：曲子的节拍、音符的升降号、重音记号、每一处情感标记，健全人可以一眼看到的曲谱，视障生需要老师一个一个念出来。念完右手的旋律，还要念左手的和弦。每次到学期末，她的咽炎都会变得更严重。

教学生钢琴调律时，老师需要将钢琴"大卸八块"，让学生把手伸进钢琴里触摸每一根琴弦,或将背板拆下来,让学生熟悉零件的安装步骤。钢琴里有几千个零件,每一个螺丝和弦锤,相似中有着些微的不同,眼睛都很难看出,何况用手摸。

张爱民知道,教残障生纯属良心活儿,老师能做到什么程度全靠自己。八九岁时,周昊雨就从启蒙老师潘晓梅那里明白了这句话。50多个学琴的孩子一起上大课,潘晓梅给了周昊雨独一无二的照顾。他看不清五线谱,潘晓梅用白板笔或毛笔将五线谱画在A3纸上,每个音符和手指盖一样大,一张纸只够画两行五线谱,一行只有十几个音符。开始,曲子简单,一份乐谱也就抄个一两页,到后来,难度加大,潘晓梅动辄就要抄上四五十页。两年启蒙路上,潘晓梅给周昊雨抄的乐谱,摞起来大概有1米高。她的努力使周昊雨奠定了很好的音乐基础。

从2010年来到特殊教育学院,孩子们的就业出路就成了困扰孙岩的难题。她在计算机专业承担专业英语课程教学,她发现,听障生普遍英语水平较低,投简历总是被拒,也不敢考研。教学课时有限,想要大幅提升英语必须利用课余时间。2018年,孙岩成立了北联大听障大学生英语社团。志愿者们给社团提供了大学英语四级的辅导,社团不定期开英语讲座,定期举办英语打卡、英语竞赛等活动。

杨小燕记得老师们经常说一句话:"与其等别人为我们提供环境,不如我们自己去创造环境。"对于听障生来说,背单词最大的障碍是对音标没有概念,不能边读边记,杨小燕就利用从社团学到的背单词技巧摸索出自己的方法,反复看和写。因为英语四六级考试对听障考生免试听力,听力的总分会算到其他题目上,杨小燕就专攻阅读、作文和翻译。第一次报名英语四级考试,杨小燕顺利通过。"不放弃不一定有好结果,但是放弃了就一定没有好结果。"杨小燕说,她一直坚信这句话。

校史故事的育人功能和作用研究

北京2022年冬残奥会闭幕式结束后，音乐学专业负责人
张爱民（左）和2021级学生、定音鼓鼓手王得江合影

要抵达和别人一样的终点，总是要多绕一个弯

很长一段时间里，学工办主任寇蕴都能在某个教室的后门看到一个踱步的女孩。女孩叫谷鉴岚，9岁那年，她被确诊为非典型脉络丛乳头状瘤，开颅手术后，一直高烧不退，颅内积水压迫了视神经，术后第八天，她失去了光明。

为了给她治病，家里的房子卖了；姐姐想省钱，差点放弃上大学；父亲曾是一个小老板，花光家里所有积蓄后，他四处打零工，哪里有活儿就去哪；母亲则随她一路辗转陪读，从湖南到北京。联大为谷鉴岚的母亲安排了保洁工作，她可以住在学校里陪孩子，不必在外面租房。学校还特意空出一个小

第二章 以人为本——以人民为中心的政治立场

工具间,让她有地方为女儿熬药。谷鉴岚时常会晕厥,脑袋里的肿瘤就像一个不定时炸弹。好好坐在教室里上课都成了一种奢望。她总是会感觉透不过气,为了不耽误学习,她就在教室后面站着听讲,站累了就在后门附近轻声踱步。

对于姚庆敏来说,要抵达和别人一样的终点,总是要多绕一个弯。没考上高中的她,选择前往一所中专学幼师专业。幼师专业的课程中有一门电子琴演奏,小时候她在桌子上画的黑白键成为立体的琴键,她央求母亲为她买一架属于自己的琴。姚庆敏家不算富裕,父亲在她三岁时患了脑萎缩,之后七八年都不能工作,一家人全靠母亲种地和打零工支撑。一架钢琴1万多元,放在平房里十分扎眼,周边几个村子没有任何人家里有钢琴。在邻居的眼里,姚庆敏的母亲简直疯了。

16岁开始学钢琴,她已经落后了同龄人十年乃至更长的时间。从幼儿园下班后,姚庆敏经常坐在钢琴前,拿着一个超高倍数、用来放大玉器裂纹的放大镜看乐谱。因为视野缺陷问题,看几个音符,她的眼睛就会找不到刚才看的点。没有钱请老师,遇到不懂的,她就等着琴行的钢琴老师下课后,厚着脸皮跑过去询问几个问题。

除了妈妈,家里所有人都反对姚庆敏上大学。他们认为,姚庆敏是个女孩,视力还有障碍,继续读书远不如早早嫁人、生孩子好。姚庆敏没有辜负母亲力排众议的坚持和选择。她通过了北京联合大学的单考单招,考进音乐学专业学习。

大二时姚庆敏开始在图书馆勤工俭学,隔一天值一次班,励志奖学金和贫困补助也能让她支付得起学费。她几乎没再向家里要过钱。学习之余,她还每周六给孩子做钢琴家教。她很擅长发挥自己的优势,因为做幼师的经历,她说话温柔,有亲和力。这些小孩子中,有几个跟随专业音乐院校的学生上过课,但是最后都选择了她。

2月21日,查询考研初试成绩的时候,车大爽激动地哭了。394分——

他在天津理工大学聋人工学院的研究生考试初试中排名第一。从入学起，他连续四年在北京联合大学视觉传达设计专业排名第一，曾获得国家奖学金、国家励志奖学金、校级奖学金等。因为家庭条件不好，错过康复黄金期的他，没有办法佩戴助听器。对于其他听障人士来说，能刺激残余听力细胞的助听器，对他只能产生杂音。

没有声音的生活，是枯燥而又孤单的，车大爽索性摘掉助听器，用镜头记录这个世界。他用获得的奖学金和兼职工资出去远足旅行，拍景拍人拍生活，用影像代替言语，表达他的世界。目前，车大爽已顺利通过复试，接下来，他还想走得更远，一步一步去实现支教的梦想。

"你学习一两句他们的语言，在他们心中就意味着平等和尊重"

走进北京联合大学的第一天，郝悦感觉到了非常大的不适应。食堂里，没有什么人声，只有锅碗瓢盆乱撞的声音；吃着饭的同学突然放下筷子，打很久她看不懂的手语；睡得正香，会有突如其来的关门声和大叫声——聋生们听不到那些剧烈的声音，一不小心就会搞出很大动静。

郝悦是 2002 级特殊教育专业的学生，当时的北京联合大学特教学院，一个年级 200 多个学生中只有 38 个健全生。走在校园里，郝悦产生了一种难以言喻的孤独感：她根本看不懂同学们在"说"什么。

郝悦心里不是滋味。她找到一个会打手语又能发声说话的听障同学，在并不算专业的指导下，只用了一个月的时间便熟练掌握手语，几乎能做到同声传译。因为手语学得快，郝悦很快成为学院里的"风云人物"，聋生们好奇她的故事，都喜欢找她聊天，她也在这个过程中不断练习手语。

正巧有一个很好的机遇。中国人民大学想开办手语社，找到了北京联合大学，于是联大派出了郝悦。在人大的第一节手语课，只有 7 个学生来，其中还有两个外国人。郝悦年轻，也不怕没面子，来几个学生她都好好教。慢慢地，来上课的人数增加到了两百多人。

第二章　以人为本——以人民为中心的政治立场

郝悦在人大的手语课一炮打响，许多高校慕名而来。她前往 20 多所高校开办手语课堂，在她的带领下，北京市高校手语联盟成立了。他们给联盟起名为"北京鸿雁志愿者服务队"，希望"鸿雁们"能在语言障碍人士与健全人之间架起一条自由沟通的桥梁，远传佳音。

课讲得多了，郝悦也一度觉得苦恼，有些学生是不是只为了那几首手语歌才和她学手语？后来，她进入北京市残联工作，成为北京市残疾人福利基金会秘书长，她慢慢理解了，手语是一门用来和听障人士沟通的语言，"你学习一两句他们的语言，在他们心中就意味着平等和尊重。"

她经常用自己的经历告诉渴望参与助残公益的企业和爱心人士，残疾人需要一种发自内心的尊重：既不仰视，也不俯视。

除了身体上的残疾，他们与健全人并无二致

在无障碍设施方面，学校充分做好了"兜底"工作。北京联合大学特殊教育学院成立于 2000 年 9 月，是我国第一所残健融合、综合性的特殊教育学院。对于学校的老师来说，这里更像是为孩子们提供实现梦想的平台，"希望他们能在这里重新认识自己，并坦然处之。"

2009 年学校翻修后，校园里的无障碍设施提高了一个档次。学校在每个聋生的床下安装了聋生床震系统，宿管和保卫科有开关，万一有地震、火灾等突发事件，震动的床能及时把聋生摇醒。每个教室里都有声光课铃系统，看见彩灯闪，聋生就知道上下课了。

近三四年，学校购买了语音转文字系统，安装在阶梯教室、礼堂等处，教师说完话就能在屏幕上直接显示出文字。对于盲生来说，学校的每个宿舍和教室的门口都有一个位置播报器，盲生一摁，就会听到当前位置的播报声。

全盲生往往靠习惯记住道路，常有孩子走着走着，头撞上灯杆，学校就在灯杆上裹一层海绵。食堂还给所有盲生建了一个群，给他们播报每天的菜品。

在遇到这些孩子以前，教科办主任刘国华总觉得残疾人是弱势群体，需要大家不断地帮助。但是有一次，一个盲生下台阶的过程扭转了她的印象。"那孩子在探到第一个台阶后，一溜小跑地颠了下去。"她第一次感到，原来残疾人也可以做到很多大家想象不到的事情。

这样的感觉，在张爱民的音乐学专业里，更为突出。具有绝对音高的谷鉴岚可以通过拍手传来的回声判断前方障碍物的距离。还有的学生在张爱民用按键手机拨号时，能够从按键声音的细微差别中判断出她所拨打的电话号码。

2016年，张爱民的学生许禄在《最强大脑》第三季的舞台上成功挑战"绝对音速"项目。对于相同型号的汽车，许禄能通过鸣笛声听出汽车间的细微差别，通过风与汽车的摩擦声判断汽车的大致车速。后来，他还代表中国战队在国际赛中战胜了德国14岁音乐大师曼纽尔·利普斯坦。身体并非那么脆弱，它具有强大的代偿功能，某一个器官的受损，身体会加强其他器官的功能。

相处久了，张爱民越发地喜欢这群盲生：他们聪明，对音乐有灵性，而且足够刻苦。有时，张爱民11点半下课，10分钟后她刚收拾完东西走出琴房，已经有学生吃完饭跑回来对着录音机练琴。张爱民知道这群盲生的能力，所以她从不溺爱他们。学校里新来的老师，看到盲生总想去扶一把，张爱民不这样，如果有盲生告诉她琴房的椅子坏了，她会告诉孩子，哪间教室的椅子是好的，你可以自己去搬。"老师并不需要像保姆一样事无巨细，孩子们总要走向社会，过多的帮助反而会消磨意志。"

在张爱民看来，这群孩子除了存在身体上的障碍，其他方面与健全人毫无二致。

"生命裂了缝，阳光才能照进来"

在孙岩看来，有了实时语音转文字的工具，听力障碍并不影响正常沟通，

孙岩正在给听障学生上网课

甚至通过"无障碍 AI 通话服务",重度听障者还可以打电话。可是他们的就业依旧是个大难题。孙岩每年都要到招聘会现场"刷摊位",必要的话,还陪学生去面试以期与企业增进了解,提升聘用可能性。"有的岗位不需要频繁的口语沟通,明明聋生可以做,但公司想当然地认为他们沟通效率低、可能有心理问题、需要特殊照顾。"

为了解决就业问题,老师们需要不断维护校企关系,争取新企业的关注,并且鼓励学生多投简历。很多时候,注明听障身份,简历可能如泥牛入海;不注明,各种婉拒也可能在面试时扑面而来。老师们一遍一遍和公司沟通,试图打破这无形的壁垒。孙岩教的听障生里,有去做开发测试、数据处理、运维的,还有做动画、平面设计、新媒体运营的,普通大学计算机专业毕业生能做的工作,他们基本都可以做。有时,孩子们会开心地和她分享自己涨工资、升职的好消息。

2020 年,从视觉传达专业毕业后,王跃龙成为北京朝阳区政务服务管理局的一名工作人员。同事们能听懂他有些磕绊的话,但是很乐意向他请教手语的打法并私下练习,他也会利用早会时间给同事们普及残疾人知识。在一线窗口工作中,他成了听障办事人的"翻译官",还接到过不少表扬信。在管理协调科里，涉及方案撰写沟通的时候，同事也愿意为他提供帮助，一趟趟帮他和各个部门对接好。他愿意赋予自己更重要的使命：他要用自己的经历，证明"残健融合"是可以实现的。

"残健融合"这个词，郝悦已经为之努力了十几年。离开学校后，她没有放下手语的传播。2014年，她推动北京市残疾人福利基金会举办北京市手语风采大赛。2018年，北京市残联等四部门推出北京市首个残疾青年融合创业大赛，北京市残疾人福利基金会对这些创业项目进行赋能孵化。目前已有两个项目成功落地，实体经营。"'残健融合'很难，我能做的就是把这个概念变成现实，大家看到成果后，自然就相信了。"郝悦说。

2015年，薛岚显从北京联合大学特教学院针灸推拿专业毕业。先天性白化病导致他的双目低视，在阳光下他需要戴帽子避免紫外线灼伤眼睛。对于刚刚毕业的薛岚显来说，不创业就几乎意味着失业。同一家医院，比他视力更低、学历更差的人被录取了。他很清楚医院拒绝他的原因——怕他那一头白色的头发和眉毛吓到病人。索性他就创业，白手起家，小有资本，搬家，血本无归，回到原点，继续创业……如今，他开办的"易筋堂"已经成立了两个分店，众多老顾客慕名而来。

去年，周昊雨如愿拜著名男高音歌唱家戴玉强为师。戴玉强不轻易收徒弟，唱歌好不是首要的，首要的是人品。他找人到周昊雨当时兼职的木马童话黑暗餐厅调查后决定收下这个孩子。在这里，他学到了更多曲目，因为意大利语的盲文曲谱并不多，中国盲文图书馆也找不到多少，他就自己翻译，到现在，他写了整整三大本盲文歌词。

谷鉴岚的梦想也与音乐有关。她想成为一名音乐治疗师，她相信，欣赏音乐、解读音乐可以缓解人们的心理健康问题。音乐是她的药，也是对心灵的疗愈。就像她最喜欢的那首《死里复活》，歌词的最后一句打动了她："生命裂了缝，阳光才能照进来。"她说，这就是在唱她自己。

学生个性化成长

——"三全育人"体系的探索

北京联合大学生物化学工程学院不断深化教育教学改革,通过实施完全学分制、导师制,建立以导师为核心的纵向班集体,为同学们量身定做属于自己的成长空间,不断探索与'三全育人'相互支撑、相互融合,相得益彰的人才培养体系。

——北京联合大学生物化学工程学院"三全育人"试点探索

"坚持'三全育人'是党和国家加强和改进新形势下高校思想政治工作的一项基本原则。北京联合大学生物化学工程学院自2009年实施导师制、2014年开展完全学分制、2016年初开展学生个性化成长团队建设、2016年10月开始建设学生纵向班级,到2018年底开始'三全育人'建设试点,经过十多年教育教学改革,不断探索与'三全育人'相互支撑、相互融合,相得益彰的人才培养体系。"在北京联合大学课程思政深化推进会上,生物化学工程学院党委书记范宝祥分享学院"三全育人"建设试点工作成效和经验时这样说。

我的成长我做主

每逢新学期开始,北京联合大学生物化学工程学院学生都摩拳擦掌,纷纷加入一场无声的"激烈战斗"——选课。"上什么课?上哪位老师的课?我的课程我做主!这种感觉真是太好了!"成功选上了自己心仪课程的学生总会发出这样的感叹。

为了真正实现学生自主选课，学院实施"课程育人"工程，积极打造通识教育、学科大类教育、专业教育、实践教学、素质教育5大课程平台，构建结构合理、内容优化、适应学分制和多层次人才培养需要的特色课程体系，同时深化课程思政建设、试点专业思政建设。选课制的实施，不仅让学生受益匪浅，也提升了教师的育人自觉，"努力提高教学质量，改进教学方法，开好、上好深受学生欢迎的课"已成为学院教师们的行动自觉。

多年来，学院不断探索与完全学分制改革相适应的"三全育人"体制机制建设，以"围绕学生、关照学生、服务学生"为宗旨，探索通过绩点制、选课制、弹性学制等人才培养模式，使学生具有了学习的选择权和自主权，充分调动起学生学习的主观能动性，激发学生学习的兴趣和发展潜能，使个性化成长成为学生的内在动力，实现分类指导、分层培养、因材施教、突出特色，为"三全育人"搭建坚实平台。

导师为我全程护航

资源管理系蔡红教授被学生们评为"我最喜爱的老师"，在她的微信朋友圈总是会有一些风趣、幽默的"蔡式"晒幸福，比如："今天教师节，这样的日子，如果动静闹不过年三十，那就枉为人师了。陆陆续续回来了一大堆毕业生，实在太开心！""难得休息一天，学生们还特地来学院给我过小年，应该没有比我更幸福的老师了！""这小妞自从嫁人就迷上了我的厨房。好的师生关系就是终身制的，课内学专业，课外学做饭。"……是的，能被毕业多年的学生心心念念地惦记着，这样的老师真的很幸福。当然，蔡红的幸福只是学院老师们的一个缩影，这是学院实施导师制十多年来，导师们用爱护航学生成长的必然。

学院自2009年试行导师制以来，已逐步形成了完善的导师工作模式。导师不仅是学业导师，给予学生学业与专业指导，做学生的专业领航人；还要做学生的科研点灯人，引导学生进入科研世界，指导学生参加学术研究和第二课堂的科技竞赛等活动；也要为学生提供就业与职业指导，做学生的职业领路人；更要真心陪伴学生，指导学生制定个性化成长方案，对学生的成长成才全面负责，做学生的人生引路人。

我的同学从大一到大四

2016年9月，学院开始实行纵向建班，以导师为核心的不同年级的学生组成一个班级。这是一种全新的本科生管理模式，构建了以导师为核心的学习共同体。班级名称以"专业名称+个性化名称"构成，例如人力昕阳班、人力腾鹰班等，班内教学相长，朋辈互助，形成和谐向上的多元班级文化。

"在纵向班中，高年级同学可以指导低年级同学，在这过程中，不仅体现了班级的凝聚力和责任感，更起到了接力棒式的传承作用。"导师武双有深切的体会。导师马晓钧教授则认为："通过纵向班，低年级同学可以一入学就接触到导师以及师兄师姐们的科研项目，从兴趣到认识再到熟悉，学生可以更容易和导师的科研项目衔接起来，从而对专业有更深的认识，这是在以往的普通横向班中很难实现的。"

谈及纵向班带给自己的成长，2018级工管鸿举班学生吴月滢说："每到考研的时节，导师就会邀请班里已经毕业的学长来分享考研经验。"还有很多学生表示："纵向班中已经毕业的学长有就业信息，一定会第一时间'关照'自己的师弟师妹。"虽然来自不同的年级，纵向班里的陪伴或长或短，但彼此的情谊都值得一生珍惜。

10年的探索，学院从管理模式、班级文化、团队建设方面不断推进纵向班建设，目前全院共有纵向班级61个，教育成效明显，为"三全育人"提供了全新路径。

北京联合大学生物化学工程学院不断深化教育教学改革，通过实施完全学分制、导师制，建立以导师为核心的纵向班集体，为同学们量身定做属于自己的成长空间。

青春感悟

——"讲好中国故事，传播中国声音"

"讲好中国故事，传播好中国声音"是对我们新闻人的要求，也是对我国优秀民族文化的肯定，我们青年一代肩负国家富强民族复兴的历史重任，我们更应学以致用，将专业知识渗透到社会实践当中去，始终把人民的立场放在第一位，厚植人民情怀，做坚定的新闻传播人，以正确的舆论引导人，为了国家和人民的利益而奋斗。

——北京联合大学2021级新闻学专业学生史一蓉

恰逢建党百年之际，我们青年一代踏入了知识的殿堂，心怀理想迎接美好的大学生活。疫情当前，我们面临严峻的心理和身体上的考验，但即使是在如此紧张的形势下，我们仍然能够有序地在线下进行为期半年的学习，虽然时间短暂，但我仍可以切身感受到学校对我们学生与老师的关怀与重视，对我的学习和生活产生深远影响，彰显了以人为本、人民至上和生命至上，以及以人民为中心的政治立场。

坚持以人为本，这是从我与联大结缘就印象深刻的四个字。未入联大校门就有几次难忘的事情：第一次，当我拿到北京联合大学的录取通知书时，心情无比激动，开始搜集各种关于我即将上的这所学校的信息，当我看到"综合类大学""以学生的发展为首位"的字眼时，只是一带而过并没有过多重视。第二次，学校建了微信群，让我们提前填写个人信息的表格，我有一点疑问，就加了辅导员的微信，辅导员即使当时正开着车，他还是给我发了信息向我说明会晚会儿回复我，这让我觉得老师们对学生特别重视。第三次，

第二章 以人为本——以人民为中心的政治立场

表格中有一个家庭收入的信息，我随便问了一下怎么填，辅导员立刻关切地地问道："同学，你是家里有什么困难么？有什么困难及时和我说，学校在资助这方面的政策挺成熟的，不要害怕负担不起。"我急忙解释道："不是的。"感觉这时候老师悬着的心才放下。他本可以说一句根据家里的收入情况填写即可，这再次让我感觉到学校坚持以人为本、重视学生人文关怀。慢慢地的，我对学校以学生发展为首位有了初步的理解。后来入校以后，让我更具有深刻的理解是学校专门安排了职业发展与就业指导这门课程，深知刚刚迈入大学的我们对未来的憧憬和迷茫，让我们对大学生活及以后有了一个初步的规划，也正是通过这门课程，让我对大学四年的规划逐步清晰。

在抗击新冠疫情的大形势下，学我校积极配合防疫工作，在教学期间贴心地为师生准备了防疫口罩以备不时之需，出现危急情况时学校立即采取应对措施，为了学生的身体健康和生命安全深夜开展防疫工作，时刻将人民放在第一位。在专业课的学习当中，也为我们添加了职业生涯规划的课程，通过课程的学习进一步了解到新闻学专业的发展与前景，对未来做出初步的规划。"立大志，明大德，成大才，担大任"是习近平总书记对我们青年一代的寄语与期望，我们青年一代肩负历史使命，在如此优越的学习环境下更应坚定前进信心，在前行的道路上坚定政治立场，把人民放在第一位，积极参与，勇于奉献，努力成为堪当民族复兴重任的时代新人。

"恰同学少年，风华正茂"，大学阶段正是我们青年一代的奋斗起点，在这里我们可以勇于实践畅想未来，在这一年的学习中也逐渐加深了对所学专业的认识，对未来也有了相应的规划。人民群众是历史的创造者，作为一名团员，我深知自身肩负的责任，在学习和生活中正确地引导群众做出正确的判断，弘扬百年党史传播红色校史，将自己的青春奉献在为国为民的事业中。作为一名新闻学专业的学生，我在这一年的学习和生活当中渐渐明晰了作为一名新闻学者的使命担当，通过学习新闻事业与新闻传播等专业课程，使我更加坚定了以人为本的初心和使命。"讲好中国故事，传播好中国声音"是对我们新闻人的要求，也是对我国优秀民族文化的肯定，我们青年一代肩负国家富强民族复兴的历史重任，我们更应学以致用，将专业知识渗透到社会实践当中去，始终把人民的立场放在第一位，厚植人民情怀，做坚定的新闻传播人，以正确的舆论引导人，为了国家和人民的利益而奋斗。

强化思想认识，明确使命担当。我们青年一代正当时，作为一名团员，我志愿加入中国共产党，能够为了人民的利益而奋斗是我们所期盼的，坚定以人民为中心的政治立场，增强政治意识，坚持以马克思列宁主义、毛泽东思想、邓小平理论、"三个代表"重要思想、科学发展观、习近平新时代中国特色社会主义思想理论体系为指导，始终为人民的利益而斗争；深入学习专业知识，强化专业实践能力。在专业知识的学习上不懈怠，以端正的态度面对未来的学习。克服困难积极进取，不断研究新情况新问题，锻炼独立思考和团队协作的能力，将自己的学习能力提升到更高层次。博览群书心怀天下，在知识的海洋里发现问题寻找答案，将专业知识研究透彻，不断拓展其他领域的学习，将个人利益与国家利益相结合。钻研专业立足实践，致力于本专业的学习并将知识运用到实践当中，在社会生活中能够灵活运用专业知识解决实际问题，不局限于书本知识，勇于创新，做新时代的创作人；心怀人民百姓，投身社会服务。人民是历史的主人，无论何时都应该以人民为中心，在校期间积极参加社会服务，为社会奉献自己的力量，在志愿活动中找到自己的人生价值，充实自我并帮助他人。

以人为本，做好本职工作，在学习期间我们会坚持以人民为中心的政治立场，将人民的利益放在首位，突破自我不断奋斗。

青春感悟

——"立大志，明大德，成大才，担大任"

> 人民群众是历史的创造者，是推动历史进步的社会力量，对社会历史发展起促进作用。作为新时代下的联大青年，要肩负时代使命、坚定理想信念，在学校以学生为本的启发下，我们作为初入联大的学生，也要充分利用好学校的平台，立大志、明大德、成大才、担大任，让青春在为祖国、为民族、为人民、为人类的不懈奋斗中绽放绚丽之花。
>
> ——北京联合大学2021级人文地理与城乡规划专业学生朱肖蕾

以人为本，体现了中国共产党坚持全心全意为人民服务的根本宗旨。自大学入学以来，我在日常的学习生活中可以深刻地体会到联大以人为本、以学生为中心的理念。

在课程安排上，学校充分考虑到学生的特点以及个性化需求，为我们提供了符合学生特点的教学培养计划，无论是专门的生涯规划课程，或者是必要的心理咨询，方方面面都体现着始终以学生为本的理念。

在学生活动中，大一上学期，我主动加入了学院的青年志愿者协会，在学习之余竭诚为同学们服务，在老师的指导下，我们所在的青年志愿者协会定期组织开展满足同学们需要的精彩活动，在前期讨论活动以及活动举办的过程中，无论是指导老师、还是学长学姐，永远关心的都是学生是否有收获。

在课余生活中，学校对于学生的关怀也是无微不至，小到一日三餐，大到就业发展，学校始终重视学生的诉求。辅导员老师随时会出现在我们的宿舍楼，在走访宿舍同学的过程中与同学们促膝谈心，不只是聊日常生活中的琐事、也会针对一些热门事件或时事政治等问同学的看法和观点，当听完同学们讲述完后，辅导员也总会分享自己的所思所想，感觉就在不经意间就纠正了我们的错误观点。与此同时，也正是这份零距离的交流，往往一些日常不好意思说的问题在与辅导员老师的交流中就顺带提出了，这让每一名初入联大的同学都倍感惊喜。

除此以外，北京市建立了 12345 市长热线，提出了"接诉即办"的工作理念，为了更方便解决同学们的诉求，学校也设置了专门是学生诉求热线，当同学们遇到问题或困惑时可以第一时间电话咨询。我所在的文理学院还会定期举办文理之约，在文理之约上，同学们可以畅谈自己的想法，每一名在场的领导老师总会耐心细致的解答我们长期的困惑；除了日常生活，文理之约每年也会邀请毕业生们回校分享各自的点点滴滴，与他们进行真诚且深入的对话交流，也会聆听他们对于学校建设性的意见和建议，营造更好的育人环境。

人民群众是历史的创造者，是推动历史进步的社会力量，对社会历史发展起促进作用。作为新时代下的联大青年，要肩负时代使命、坚定理想信念，在学校以学生为本的启发下，我们作为初入联大的学生，也要充分利用好学校的平台，立大志、明大德、成大才、担大任，让青春在为祖国、为民族。为人民、为人类的不懈奋斗中绽放绚丽之花。

结语

——以人为本，以学生为中心

党的十八大以来，习近平总书记先后提出了"以人民为中心的创作导向""以人民为中心的发展理念"等重要思想。在党的十九大报告中，习近平总书记进一步指出："坚持以人民为中心。践行全心全意为人民服务的根本宗旨，把党的群众路线贯彻到治国理政全部活动之中，把人民对美好生活的向往作为奋斗目标。"以人民为中心，是建立在中国优秀传统文化和马克思主义唯物史观基础上的重要论断，表明了中国共产党治国理政的政治立场、依靠力量和发展目的，必须体现在经济社会发展各个环节。高校承载着人民对教育事业的美好向往，北京联合大学坚持以人民为中心的政治立场，一方面提升服务北京、服务市民能力，集中优势和特色学科专业力量，聚焦"三山五园""三个文化带""食品安全""社区治理""学前和基础教育""市民学习网""2022年北京冬奥会和冬残奥会"等贡献"联大智慧"，有效推动解决了一批关乎北京城市建设和市民生活品质的重点难点问题，服务北京"四个中心"建设能力显著提升。另一方面，落实立德树人根本任务，把立德树人作为对党的初心使命的最高践行和加强党的政治建设的重要抓手。从教育主体来看，加强高水平人才队伍建设，课程思政作为把思想政治工作体系贯通学科体系、教学体系、教材体系、管理体系等的最基础手段，是构建更高水平人才培养体系的切入点，落实立德树人根本任务的战略举措。北京联合大学出色承办北京高校"课程思政"现场交流会、北京高校思政课和课程思政改革创新推进会，获批北京市重点建设马克思主义学院，形成了立德树人的大格局。不断深化教师对课程思政的认识，提升课程思政建设的意识和能力，进而提升立德树人能力。从教育客体来看，一是尊重教书育人规律、学生成长成才规律、思想政治教育规律，提升思想政治教育亲和力和针对性，提升立德树人实效；二是牢牢抓住全面提高人才培养能力这个核心点，深化教育教学改革，新增 8 个国家级和 14 个市级一流专业，获北京市教育教学成果奖 13 项，居市属高校第五位，获评首批"北京地区高校示范性创业中心"，入选全国创新创业典型经验高校，人才培养能力不断提升。

新时代，北京联合大学牢牢抓住京津冀协同发展重大战略机遇，一方面以人民为中心，聚焦服务首都发展，紧密对接北京产业链、创新链，优化学科建设布局，建设好北京高校高精尖学科；对接北京深入实施人文北京、科技北京、绿色北京战略，聚焦智慧北京、文化传承、大健康产业等北京经济社会发展前沿领域和关键核心问题，创新适应交叉学科融合发展的新型研究机构组织和管理模式，建立开放、共享、高效的跨学科管理平台和运行机制，汇聚相关学科资源，以"智慧北京关键技术研究""人文北京重大问题研究""健康北京关键技术研究"等服务首都发展的重大项目成果，提升服务北京、服务市民能力。另一方面，进一步提高立德树人能力，提升立德树人实效。深入探索更高水平的"课程门门有思政、教师人人讲育人"课程思政实践，把思想政治工作体系贯通学科体系、教学体系、教材体系、管理体系等，形成更高水平的人才培养体系，全面提高育人水平和育人能力。教师立德树人核心能力明显提升，学生文明素养、社会责任意识、实践本领明显增强；立德树人落实机制更加健全，以学生为中心的评价体系更加完善，育人自觉的文化氛围更加浓郁，不断夯实全员全程全方位育人大格局。

第三章 立德树人
——清晰明确的办学宗旨

LIDESHUREN

习近平总书记在全国高校思想政治工作会议上指出："高校立身之本在于立德树人""要坚持把立德树人作为中心环节"①，这更加充分地肯定了立德树人在高校建设中的重要地位，同时也充分说明了立德树人是社会主义教育事业的价值所在。立德树人不仅关乎高校师生的道德品质、人格修养，还关乎我国教育的发展、社会的进步。党和国家对"立德树人"的论述奠定了其在教育事业中的重要地位，也为高校德育发展提供了有力的依据。

国无德不兴，人无德不立。我国自古以来就重视道德建设。《左传·襄公二十四年》中提到："太上有立德，其次有立功，其次有立言。"可见中国古代极其强调道德对于个人成长和社会发展的重要价值与作用，相比于建功立业和著书立说，道德的树立更能达到精神和思想上的不朽，更能体现出崇高的人生价值。苏联教育家苏霍姆林斯基主张把德育放在教育的主导地位，他指出，"培养全面发展的、和谐的个性的过程就在于：教育者在关心人的每一个方面、特征的完善的同时，任何时候也不要忽略人的所有各方面和特征的和谐，……在这个和谐里起决定作用的、主导的成分是道德。"②

"立德"实际上是对"用什么培养人"这个问题的回答，道德是人类社会特有的事物。在不同的背景和文化中，道德有着不同的含义，"立德"之"德"亦具有广泛的内涵。在中国古代儒家文化中，道德指的是"仁义礼智信"五常德；古希腊哲学家亚里士多德曾经提出"中道""适度"乃是道德的真正基础③；德国近代哲学家黑格尔认为道德的本质是一种"主观意志的法"④，1920年10月2日，列宁在俄国共产主义青年团第三次代表大会上指出，在社会主义建设的阶段，"应该使培养、教育和训练现代青年的全部事

---

① 《习近平总书记在全国高校思想政治工作会议上的重要讲话》[N].载《人民日报》2016年12月9日，第1版。
② 参见[苏]苏霍姆林斯基：《给教师的建议》[M].北京：教育科学出版社1984年版，第6—369页。
③ 参见[古希腊]亚里士多德：《尼各马可伦理学》[M].北京：商务印书馆2013年版：Ⅵ。
④ 参见[德]黑格尔：《法哲学原理》[M].范扬，张企泰译，北京：商务印书馆1982年版，第109页。

业，成为培养青年的共产主义道德事业"①。诸如此类，不胜枚举。

《管子·权修》中提到"一年之计，莫如树谷；十年之计，莫如树木；终身之计，莫如树人。"② 管仲用播种谷物、栽培树木与培养人才来进行类比，以此说明培养人才的价值和意义，也是对培养人才的重要性和长期性的深刻阐述。所以，要想达到管仲所推崇的"树人"目的，必须长期地、持久地对学生进行品行的教化和人格的塑造，才有可能实现"百年树人"的目标。树人不仅指教师通过教育教学活动对学生进行道德素质的培养从而使其达到自由全面的发展；亦指学生作为道德建设的主体对自身道德品性进行自我约束和自我要求，从而提高自身的道德修养和道德品质。

---

① 参见中共中央马克思恩格斯列宁大林著作编译局：《列宁专题文集：论无产阶级政党》[M]. 北京：人民出版社 2009 年版，第 285 页。
② 参见孙中原：《管子解读》[M]. 北京：中国人民大学出版社 2015 年版，第 165 页。

为党育人、为国育才

——将党的二十大精神融入"大思政课"

党的二十大推动高校"大思政课"建设进入新阶段新征程,为高校将思想政治工作贯穿人才培养全过程,培养德智体美劳全面发展的社会主义建设者和接班人提供了丰富的精神滋养。北京联合大学将继续承担为党育人、为国育才使命,融入新发展格局,为服务新时代首都发展和国家需要贡献力量。

——北京联合大学党委书记楚国清

北京联合大学坚持把学习宣传贯彻党的二十大精神作为首要政治任务,精心组织广大党员干部、师生员工学习宣传贯彻党的二十大精神,持续深入推动党的二十大精神入教材、入头脑、入课堂,让党的二十大精神激励广大青年学子砥砺前行。

"我从生活的点滴变化,感受着民族的伟大复兴。我首先想到的就是我的第二故乡西藏,我从军服役和战友们一起挥洒青春、战斗过的地方……"北京联合大学马克思主义学院研究生张博宇在分享微党课时激动地说到。这是学校马克思主义学院举办的"学习二十大 永远跟党走 奋进新征程"研究生微宣讲展示会上的一个动人场景。听了张博宇的分享,广大党员干部师生深受感动。此外,还有多名来自马克思主义学院的研究生结合自身经历,向大家讲述了学习党的二十大精神的真切感受,赢得现场师生阵阵掌声。

北京联合大学党委书记楚国清表示,广大干部师生要深刻把握党的二十大的新思想新观点新论断,把党的二十大精神融入立德树人"大思政课"工作格局，全体青年学生要坚定不移听党话、跟党走，立志做有理想、敢担当、能吃苦、肯奋斗的新时代好青年。

学校党委把学习宣传贯彻党的二十大精神与落实北京市第十三次党代会精神和学校"十四五"时期发展规划结合起来，同破解发展难题，推动高质量发展结合起来，从专题学习、宣讲巡讲、交流研讨、研究阐释、课堂教学、宣传报道、选树典型、开创新局八个方面，对广大师生全面学习好、把握好、落实好学习宣传贯彻党的二十大精神提要求、做部署、抓落实，为学习宣传贯彻党的二十大精神做好顶层设计。

马克思主义学院的学术会议室里，学校领导、部分职能部门负责人、马克思主义学院师生代表等齐聚一堂收看开幕会直播

学校党委组织全校教职工第一时间学习了解大会精神，及时部署党委中心组学习和教职员工理论学习，通过学校领导导读、专家解读、师生研讨、理论研究等方式，保证学习内容全面准确。同时，针对马克思主义学院教师、学校宣讲团成员开展集体备课，为在全校迅速掀起学习宣传贯彻二十大精神热潮奠定基础。

同时，学校还成立学习贯彻党的二十大精神百人宣讲团，面向全校师生开展立体化、分众化、多样化宣讲，把党的创新理论的"火种"撒播在师生中间。宣讲团中成员包含学校领导、二级党组织、优秀教师、优秀辅导员、马克思主义学院教师、离退休干部及优秀学生群体。校领导主要面向全校教职工、分管部门和联系学院开展宣讲，职能部门负责人主要面向主管领域开展宣讲，二级党组织负责人主要面向本级教职员工开展宣讲，马克思主义学院教师代表面向各二级党组织、基层党支部开展宣讲。

此外，学校还把党的二十大精神融入思政课堂，面向学生开展宣讲。各学院教师代表结合教学课程，深化课程思政，运用课堂载体，面向学生开展宣讲。离退休教师代表向各二级党组织、基层党支部、学生群体开展宣讲。优秀学生代表主要以微宣讲形式，在学生党支部、学生社团开展宣讲。百人宣讲团把党的二十大精神及时、准确地传达给每一位师生，让干部师生听得懂、能领会、可落实，实现宣讲全覆盖。

北京联合大学举办学习贯彻党的二十大精神宣讲会

为及时推动党的二十大精神进教材、进课堂、进联大学子头脑，校党委书记楚国清、校长郭福等校领导先后走进思政课堂，以视频直播的方式为联大青年学子讲授"习近平新时代中国特色社会主义思想概论"和"形势与政策"课，围绕党的二十大精神、构建人类命运共同体、生态文明建设等专题开展精彩授课。

学校把党的创新理论最新成果融入课程思政、专业思政、学科思政范畴，纳入"三全育人"体制机制，融入"大思政课"人才培养体系，进一步丰富"五育并举"育人体系和"高水平人才培养体系"的内涵。把教师学深悟透党的二十大精神作为完善"大思政课"建设机制的撬动点，用好"所有课堂"这个主渠道，挖掘课程中所蕴含的党的创新理论，有机融入课堂。发挥教师党支部战斗堡垒作用，带领教师形成党的创新理论学习研讨机制。学校领导干部先后走进课堂，和联大学子们一起听思政课，并和师生们交流听课效果，通过善用"大思政课"，推动党的二十大精神入脑入心。

同时，学校党委还将党的创新理论学习与贯彻落实北京市第十三次党代会精神和学校"十四五"时期发展规划结合起来，与破解发展难题结合起来，开展理论研究与实践探索，为学校在人才培养、科学研究、社会服务、文化传播、国际交流等工作中实现高质量发展奠定了基础。

楚国清表示，党的二十大推动高校"大思政课"建设进入新阶段新征程，为高校将思想政治工作贯穿人才培养全过程，培养德智体美劳全面发展的社会主义建设者和接班人提供了丰富的精神滋养。北京联合大学将继续承担为党育人、为国育才使命，融入新发展格局，为服务新时代首都发展和国家需要贡献力量。

新时代的伟大实践

——京华大地上的"大思政课"

> "把劳动教育搬到田间地头,让学生切身体会到劳动的辛苦,帮助学生积累劳动经验,提升劳动能力,培育劳动精神,锻炼意志品质,这种经历对学生的成长大有裨益。"
>
> ——北京联合大学党委书记楚国清

劳动课开到田间地头

9月23日是中国农民丰收节。伴随着清脆的锣声,北京联合大学党委书记楚国清和下清水村党支部书记王进生宣布"开收喽",拉开了由北联大携手门头沟区下清水村在"清水花谷"举办的"共庆农民丰收节暨学生劳动教育社会实践课"的帷幕。这是北联大旅游学院在推进"大思政课"进程中,连续第二年把劳动课开到田间地头。

上午10点半,旅游学院的师生们组成的三支"战队",在村民带领下奔向农田,PK谁是收粮能手。作为网红旅游打卡地的"清水花谷",此时呈现的是一幅"秋收当时,收粮正忙"的图景。婉转山路两侧,头顶草帽弯腰收割、打捆、掐穗的学子身影。从辨别不同粮食到如何握镰刀,再到掐穗的技术要求,学生变身成"农民",在田间地头体会劳动的辛苦与成就感。

"把劳动教育搬到田间地头,让学生切身体会到劳动的辛苦,帮助学生积累劳动经验,提升劳动能力,培育劳动精神,锻炼意志品质,这种经历对学生的成长大有裨益。"楚国清和同学们一边收割,一边畅谈劳动实践的真谛。

校党委书记与学生在门头沟区下清水村大学生劳动教育实践基地共同劳动

自2021年以来,北京联合大学旅游学院落实善用"大思政课"的要求,特别注重通过志愿服务"建党一百周年庆祝大会"、专业服务"2022年北京冬奥会"等重要任务,以及"丰收节劳动教育社会实践课"活动,让学生经风雨、见世面、壮筋骨、强本领。参加这堂田间劳动课的赵峥同学表示:"作为旅游人,我们深知'劳动就是一门必修课'。我特别喜欢我们学院的文化主题词——'博识雅行,学游天下',这八个字教导我们要走出校门,在社会之中博学,在实践之中雅行。"

学生劳动教育社会实践课的常态化开展也有利于北联大"引智帮扶"项目的扎实推进。2017年以来,学校对接下清水村开始持续帮扶工作。期间,旅游学院组建专家团队,协助下清水村将昔日的矿山荒沟打造成今日的网红旅游打卡地——"清水花谷"。自2018年"清水花谷"建成以来,景区年游客量连年上升,带动了上百村民就业,实现了旅游收入的持续增长。去年6月,旅游学院在这里挂牌成立"大学生劳动教育实践基地",在开展大学生劳动教育、专业实践及党团活动的同时,还调动了越来越多师生为下清水村的旅游及农产品代言,发挥专业优势并利用新媒体让"清水花谷"持续走红。

挖掘新时代社区治理资源

北京联合大学马克思主义学院师生由校党委书记楚国清带队,走进北京

参加劳动的师生合影

共建共治共享的大型社区——回天地区，与昌平区有关部门、霍营镇街道政府和社区工作人员一起，就如何建立校政企"大思政课"协作机制，挖掘新时代社区治理鲜活资源融入学校人才培养体系进行深入调研。

在霍家营社区，师生们在村史馆感受社区的时代巨变，在书记工作室详细了解基层党建在"七有七化"精细治理模式中打造"有人情味儿的社区"的务实做法，在垃圾分类驿站亲见社区的创新举措。

"对居民的需求我们15分钟就到现场，24小时予以解决。"霍家营社区党委书记李宝忠自豪地说，"我们把供给和需求的顺序倒过来，从老百姓的需求出发，用老百姓的需求清单引领项目推动，每个环节都主动向前一步。让老百姓有实实在在的幸福感、获得感和安全感。"

师生们还来到回天地区云智中心，现场了解社区治理、数字城市建设进展，并与昌平区相关部门、霍营镇街道领导、企业代表和马克思主义学院师生座谈交流。北京联合马克思主义学院党委书记史文瑞说，北京联合大学在全市率先开启了红色资源融入思政课教学的"大思政课"实践探索，教师带领学生走出校园,将思政课走进北大红楼、香山革命纪念馆、中国共产党历史展览馆,形成了红色基因融入思政课教学体验式、互动式、专题式的教学模式。这次实地调研,让我们更加深刻地认识到思政课教学"把思政小课堂与社会大课堂结合起来"的必要性和紧迫性。

"深化'大思政课'建设,除了用好红色资源,关键是要聚焦党和国家取得的历史性成就、发生的历史性变革,用好新时代的伟大实践,尤其是在京华大地的生动实践,上好'京华大地上的大思政课'",楚国清说,"回天地区治理经验中有很多现实的素材可以融入思政课教学,我们可以把课堂搬到这里来,大家一起奔着问题去,构建校政企协作的'大思政课'建设机制,推进联大师生参与到首都人民的生产生活中,在实践锻炼中受教育、长才干。"

共上一堂思政课,同建育人大格局

3位来自北京联合大学马克思主义学院的大学青年教师和3位分别来自陈经纶中学分校、陈经纶中学劲松分校和朝阳师范学校附属小学和平街分校的中小学思政课教师一一结对,他们以不同模式共上一堂思政课。

为深化新时代朝阳区学校思想政治理论课改革创新,进一步推进大中小学思政课一体化建设,北京市朝阳区思想政治教育指导评价中心与北京联合大学马克思主义学院开展区域内部分中小学合作,发挥各方资源优势,启动了大中小学思政课一体化建设联合体,探索新形势下大中小学思政教育一体化有效路径,构建开放共融"大思政"格局。此次大中小学思政课教师"共上一堂课"活动正是朝阳区大中小学思政课一体化建设联合体的探索尝试之一。

此次活动,通过选定课程教学专题,推选大中小学优秀教师共同进行教学展示,把教学内容讲出整体性、梯度性。通过教师集体听课评课、互学互鉴,发挥优质教学模式的典型示范作用,更好地提升大中小学思政课教学效率和质量，探索思政课一体化教学改革创新。

"共上一堂课"分为三种模式。按照安排，6月1日，联大马院陈旻老师和陈经纶中学劲松分校孟婷老师参与到对方的课堂中，完成了《理想信念是精神之"钙"》《活出生命的精彩》两节教学展示。6月6日和7日，联大马院赵婷老师和陈经纶中学分校宋志刚老师分别为中学生和大学生独立讲授《自由的真谛和追求》《党的百年奋斗的历史贡献和成功经验》。6月10日，联大马院曹媛媛老师和朝师附小和平街分校林洁老师共同为大学生和小学生奉献了《迎难而上：奋力实现中国梦》一课。

本次活动以真正意义上的大中小学教师互进课堂上课，打通学段和年级界限，打破学科纵向壁垒，是对大中小学思政课一体化建设的创新实践探索。联大青年教师赵婷表示："我们通过相近或类似主题下互换授课的方式，了解不同学段教学要求和教学方式、不同学段学生情况和学习特点，进而深化对思政课一体化建设的认识与理解，提升了教师的专业素养和教学统筹能力。"

在与联大曹媛媛老师同台上课之后，朝师附小和平街分校林洁老师深有感触："通过与中学、大学老师们的交流碰撞，让我的思想更活跃，眼界更开阔，深受启发。"课后，学生们纷纷通过文字、视频等形式发表感言："困难面前，只有坚持、尝试、抗争，才能收获成功""老师很亲近，上课方式很有意思""我一定会继续坚持自己的梦想，迎难而上！"

"大思政课"

——从《卢沟桥》说起

"在深入推进课程思政全课堂建设中，我们要将党的创新理论在京华大地的生动实践转化为鲜活育人课堂，上好新时代的'大思政课'。"

——北京联合大学党委书记楚国清

卢沟桥，这座北京现存最古老的石造联拱桥，见证了中华民族全面战日战争的暴发，也见证了中国从站起来、富起来到强起来的全过程，是众所周知的北京地标之一。

沧桑的石狮子不远处，现代化的子弹头高铁正疾驰而过……

绘画作品《卢沟桥》（创作者：艺术学院美术系学生孙佳琪）

展现在观众眼前的画面，其实并非现实中的场景，而是北京联合大学艺术学院学生在 2021 年创作的作品《卢沟桥》。

画面中，古老和现代交织，意蕴丰富，令人感慨万千。

2021 年以来，北京联合大学深入开展"大思政课"建设，在思政课改革创新、深化课程思政建设和创新应用信息技术融合中，将党的历史和创新理论进教材、进课堂、进头脑。

是冬奥会，也是大思政课

"很荣幸能够亲历其中，成为历史的见证者和建设者。"李毓是北京联大的一名"90 后"辅导员，作为冬奥志愿者带队教师，在保障志愿工作的同时，她还要做好驻地志愿者的管理、教育工作。

在驻地党支部，她引导同学们从北京冬奥会如期举办看"中国为什么能"；与学生同看冬奥时，她变身为全能"解说员"，在 24 节气倒计时中看中国的文化自信；在武大靖"你先走一步"行动中看团队精神，在徐梦桃身上学习追梦精神；体会王濛解说金句"我的眼睛就是尺"背后的科学钻研精神。

在冬奥"大思政课"中，李毓与学生共同成长，一起践行"请党放心 强国有我"的铮铮誓言。冬奥期间，200 余名联大师生在一线参与志愿服务，把冬奥赛场变成现实课堂，将冬奥故事当作生动素材。

将思政小课堂同社会大课堂充分结合，北京联合大学马克思主义学院制定红色教育资源融入思政课实践教学方案，校党委书记楚国清率先在北大红楼给学生开讲思政课。

在创作排演《青春底色》话剧过程中，学生们在演绎优秀青年的先进事迹时，深刻领悟远大理想要在脚踏实地中实现。

艺术学院主创的舞台剧《青春底色》之《生日礼物》剧目剧照

是互联网，更是云课堂

"思政案例是否适合，资源如何共享，怎么避免重复并更新迭代？"针对以上问题，智慧城市学院创新性地构建了"专业思政树"信息化生态系统。

"我们希望用信息技术手段解决思想政治教育中遇到的一些问题。"学院党委书记张俊玲介绍。

在张家口云顶滑雪公园为2022年北京冬奥会提供礼仪服务的联大志愿者在颁花现场与工作人员合影

学院提出依托信息系统，实现专业教育和思政教育的相互支撑。反复实验后，自主研发的专业思政树系统应运而生。融合了云技术、虚拟现实技术、大数据等多维信息技术后，思政教育的网络化管理和可视化操作不再是难题，学院也真正将"大思政课"建在了云端。

在师生间由"面对面"变为"屏对屏"的特殊期间，学校鼓励各单位充分运用信息技术开展教育教学。学生处的"线上升旗仪式"，师范学院的线上"同读一本好书"等活动，及时并灵活解决了此间对学生的思想政治教育。

深化课程思政全课堂

用巧妙构思展现新时代成就的《卢沟桥》画作背后，是北京联合大学艺术学院一路深化课程思政建设的实践。

2016年以来，艺术学院美术系从2016年开始开展系列工作带着学生走遍北京的红色遗址，用画笔描绘中华民族历史，国家命运和人民的奋斗史。边走边学边画中，师生们更关注这些红色遗址身上体现出来的历史性变革和历史性成就，并在画作中展现自己的学习领悟。

教师李文文等师生30余人手抄中国共产党北京党史，完成了大型作品《学党史》。满满一面墙上，壮烈生动的党史故事在不同字迹中一一讲述，字里行间刻印着师生们"永远跟党走"的信仰信念信心。人们在故事中读党史，在字迹中倾听当代青年的誓言。这幅凝聚了师生们心声和行动的作品，也让前来观赏的人深切感受到学党史的力量。

近年来，北京联合大学将课程思政建设作为健全三全育人体制机制的抓手，校园形成了"课程门门有思政，教师人人讲育人"的生动氛围。

"在深入推进课程思政全课堂建设中，我们要将党的创新理论在京华大地的生动实践转化为鲜活育人课堂，上好新时代的'大思政课'。"党委书记楚国清说。

"课程思政"

——元器件的思政路

> 课程思政、专业思政,涓涓细流、润物细无声,教育者先受教育,校史编研捕捉到的平凡联大人的小故事有很多很多……
>
> ——北京联合大学档案(校史)馆姜素兰

为啥写这段,因为不吐不快,防疫期间,邻家女孩取快递这得距离产生美吧,远观,好奇不,文静的小女孩扛着大盒子,工科生都这样吗?猜猜大盒子里是啥呢。

《北京联合大学听课管理规定(修订)》(京联教[2018]39号)规定,年度考核得完成本专科听课任务。我,每学期喜欢走进刘佳《电子技术实践》实训教室,既完成了听课任务,又假装温习了一些电子电路等相关知识技术,满足一个应用物理专业毕业生的虚荣心,酷似求知欲强,常学常新,知识没有都还给老师。

防疫期间,都在网课,听课咋办呢?本想问问刘佳咋上课,忽然有一个很熟悉的"中老年偶像"、恰恰学生们很崇拜的、本可以靠颜值吃饭的却致力于"无人驾驶"一位老师进入视线,据说他给电子信息工程1801B的28名同学上《模拟电子技术》,周一12节和周五34节,闲着也是闲着,悄悄地听听课,结果得到"爆炸"新闻,每位同学会收到"实验套件",这一口袋套件,三门课都能用到,真想提示一下下,课堂有海南同学哦,结果,4月18日随着海南三亚天涯海角同学收到快递,"事故"没看到,却出现了一个又一个孜孜以求的身影，同时我也认识了一个"邻家女孩"王子钰，小老乡，也知道了他们的刘元盛老师做事。

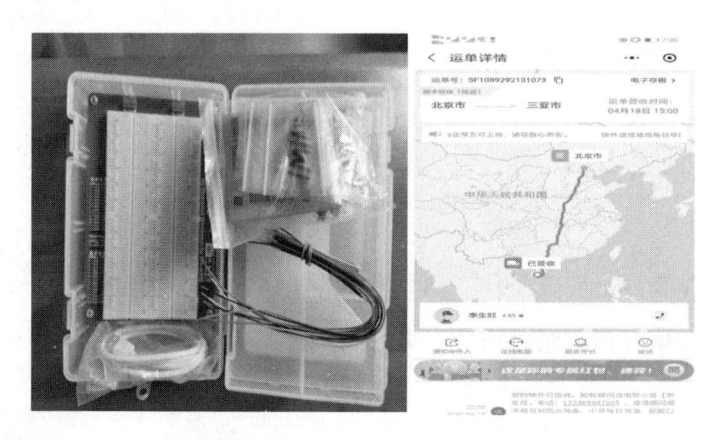

刘元盛老师寄给学生的实验套件和快递物流

王子钰这样跟我说："感觉这么好的老师我们能有幸遇到并被教学很骄傲。邮寄实验器材听说都是老师自己打包邮寄的真的很感动，硬核教学没错了，又帅又负责的老师只有我们有别人都要羡慕死了，哈哈哈哈哈哈！刘元盛老师的模电课是网络授课期间我觉得效果最好的，直播+录播+网络答疑=完美学习体验，完全不输给在校学习，直播时老师会有互动，录播可以课后着重复习，网络答疑针对个人老师解答同时其他同学也能看到一起学习，很好很好！"

王子钰在用刘元盛老师邮寄的实验器材做实验

第三章　立德树人——清晰明确的办学宗旨

一个一个口袋查验,一个一个装箱,一箱一箱贴单,武装的好,干起活来有点费劲,那也得一板一眼。这就是刘元盛的风格。

刘元盛老师在给学生寄实验套件

都说做事就是做人,我十几年前就认识刘元盛老师,有事情经常会想到请他帮忙,我们校史馆实现机器人"莲子"讲解就是他主力见证的。

这就是元器件的思政路,一个平凡的联大人。课程思政,涓涓细流、润物细无声,教育者先受教育。我们校史编研,捕捉到的一个个小故事,还有很多很多立德树人步伐,记录,不能停。

用二胡拉响青春的旋律
——"村官"艺术团中的联大人

> 在校期间,令人尊敬的老师、志同道合的同学,优美的校园环境、藏书万卷的图书馆,使我感到能作为联大学子是很幸福的事。四年的读书生涯,使我养成了良好的学习习惯及人生品质、树立了科学的人生价值观,更重要的是"学以致用"的校训已深深铭记在心,鞭策着我不断地进步。
>
> ——北京联合大学记管理学院2010届校友张辛来福

2009年年底,延庆县为落实中组部关于"开展让大学生村官担任新农村文化建设基层带头人试点工作"的批示,成立了第一支区县级大学生村官艺术团。该团在2010年8月在县里新任大学生村官岗前培训班的才艺展示晚会上,来自北京联合大学管理学院工商管理专业应届毕业生、延庆镇八里庄村主任助理张辛来福以一曲二胡《赛马》,博得在场观众阵阵掌声的同时,给该团指导老师留下了深刻的印象,当场吸收他为新一批"村官"艺术团成员。

至此,大学生村官张辛来福用二胡拉响了青春的旋律。

读大一时,思想上要求上进的张辛来福向党组织郑重地上交了入党申请书。为早日成为一名共产党员,课上,他专心致志学习专业理论知识。课下,他走进图书馆在知识的海洋里汲取营养。他积极参加了校院组织的学生志愿者活动、共青团中央举办的全国青少年英语技能大赛的赛事志愿服务工作、校运动会和校庆安保工作的志愿服务工作等校内外志愿服务活动,被评为院级优秀志愿者。他在学校组织的"赢在联大——'UEB'杯模拟应聘大赛"

第三章 立德树人——清晰明确的办学宗旨

张辛来福演奏《赛马》

上荣获二等奖、学院组织的"第一届模拟应聘大赛"上荣获冠军。

2008年7月1日,张辛来福被发展为预备党员;一年后,他面对鲜红的党旗宣读了入党志愿书,在学院第五党支部全体党员的见证下转为正式党员。不久,他这位学生党员便被大家推选为该支部的宣传委员。

作为学生党员,他一方面要在同学中起到党员的模范带头作用,为建良好学风、班风、校风而共同努力;另一方面,他担任了学院"燧石"理论社的《燧石刊物》的编辑和校对工作,负责收集各党支部活动信息、向优秀党员征集稿件等,并积极配合支部书记和老师们完成了《燧石刊物》的稿件整理、编辑及刊印等工作。除此之外,他还积极参加了学院学生党总支组织的多期"康昕心理素质训练营"活动,与党总支各分支部的党员们结下了深厚的友谊。

2008年10月，张辛来福被评为管理院优秀志愿者荣誉称号。2009年5月13日，张辛来福被管理院学生党总支授予《2008—2009学年度"优秀干事"》荣誉称号。2010年，张辛来福作为应届毕业生参加学校就业处组织的大学生村官宣讲会后，他的人生自此有了一个新的起点，即：响应国家号召做一名大学生村官，把青春热血洒在广袤的农村大地上。

2010年7月，张辛来福前往延庆区延庆镇八里庄村担任村主任助理。上任两个月后，在延庆镇大学生村官党支部成立大会上，他被推选为该支部西北片党小组组长。作为党小组长，他一是为增强党员队伍的凝聚力，有计划地组织党员学习和实践活动；二是以身作则带领大家在新农村建设中发挥作用，为群众办实事、办好事。

大学生村官战鼓队获佳绩

2011年初，"村官"艺术团为迎接"庆祝建党九十周年全国鼓舞大赛"在延庆举办，特成立了"大学生村官战鼓队"，并不懂得如何敲击"战鼓"的张辛来福被任命为队长。

从演奏鼓乐零点起步，到战鼓队能整齐划一的演奏出振奋人心的曲目，他和全体队员无论是寒风刺骨的三月、还是赤日炎炎的七月，从未间断演练。除此之外，他还要协助县村官办有关工作人员做好后勤工作，战鼓队的演出器材包括四个大鼓（直径1.5米/每个大鼓）、8个中鼓（直径1.2米/每个中鼓）、4个大锣（重达6斤）、12个小锣、12副大镲（重达8斤）、14副大铙，再加上鼓架、鼓槌等物品，总重达500多斤。每次集训时，他都坚持第一个来、最后一个走，和其他同为大学生村官的战鼓队成员一起协助搬运器材。

张辛来福是战鼓队的16位大鼓手之一，他学得认真、鼓点记得牢、动作做得到位，每次表演时都由他起头带着大家一起演奏；作为战鼓队长，他学会了中鼓、大锣、小锣、大镲、大铙的演奏方法。训练中，他不仅能出色地完成自己的表演，还能协助指导老师帮助一些乐感比较弱、一时掌握不好鼓点节奏的队员，一遍又一遍地手把手的教。

功夫不负有心人。在 2010 年 6 月举行的延庆县端午文化节龙舟下水仪式、7 月举行的"庆祝建党九十周年放歌长城献给党"等演出活动中，大学生村官战鼓队的演出受到了群众的好评。

由于张辛来福出色的组织能力和艺术素养，他被推选为延庆镇大学生村官心农艺术团团长之后，成功组织了延庆镇 2011 年新年联欢会等多场文艺演出活动。

张辛来福与他的学生们

创办二胡培训班

2010 年 12 月 7 日，他组织党小组全体党员及入党积极分子在参加镇大学生村官党支部发起"雏鹰"助学行动活动，每人每月捐 10 元钱，用来资助该镇家庭困难的小学生购买书籍、参加特长辅导班等；随后，他作为北京市文化志愿者，就加强新农村文化建设、为村里小学生创办免费培训班事宜与大家进行切磋，最终决定在八里庄小学创办二胡培训班，张辛来福任义务辅导老师，教授二胡。

此工作计划上报后，得到了镇党委的大力支持；镇村官办负责人亲自帮他做策划，并请来延庆电视台"生活全方位"的记者为他做招生宣传；镇大学生村官党支部则从"雏鹰"助学专项资金中拨款购买教学用二胡、教材及相关器械。

二胡培训开班第一天，张辛来福在村委会从上午等到傍晚，只有两个孩子由家长带着前来学习，他没有因此而打退堂鼓，在他的精心指导下，没有接触过二胡的孩子们于下课时，已能拉《小星星》了，尽管还很生疏，然坐在一旁的家长已满意地露出了笑脸；第三天，前来学习的孩子一下子多了起来……他拿出自己那两把心爱的二胡给没有二胡的孩子使用，培养孩子们对二胡这一传统民间乐器的学习兴趣。当他主办的二胡培训班走入正轨后，一些爱好音乐的村民也陆续加入到学习队伍中……每当"二胡"声响起，八里庄村委会就会变得热闹起来了，这里已成为村民们每晚聚会的场所。至此，音乐成为构建村民之间和谐关系的桥梁，整个村里充满了祥和的气氛。

通过创办二胡培训班，张辛来福不但在村里的中小学生中搭建了艺术修养的阶梯、融洽了村民与大学生村官的关系，也受到了村干部和村民的一致好评。

值得一提的是，为做一名合格的老师，他利用业余时间考取了二胡高级教师资格，并 2011 年 1 月成为中国音乐家协会会员、中国民族器乐学会会员和中国民族管弦乐学会会员。

2011 年 11 月 18 日，他被北京市高校毕业生到农村工作联席会办公室评为"北京市 2010—2011 年度北京市高校毕业生到农村基层就业优秀大学生村官"荣誉称号，他的事迹先后被《北京日报》《中国劳动保障报》《中国青年报》等新闻媒体做专题报道。2012 年初，被聘为延庆区青少年活动中心二胡老师，也是活动中心唯一的二胡老师，教授全县近 60 名孩子学习二胡。

第三章 立德树人——清晰明确的办学宗旨

报纸报道

值得一提的是，2010年10月至2012年12月，他所教的孩子中，有30多位通过了国家二胡全国考级等级认证考试，其中19名通过了国家二胡全国考级等级认证考试、2名通过了国家二胡全国考级九级等级认证（最高为十级）；在2012年5月由延庆四中组织的小升初全县艺术特长考试中李俊晨、刘彦鑫荣获全县前两名，并顺利考取了延庆四中的入学资格。

谈及二胡培训班的未来，他计划不仅要开办二胡特长培训班，还要以此为依托，组织村里的文艺骨干成立业余文艺宣传队，通过排演一些群众喜闻乐见的节目，宣传富民政策、普及法律知识、倡导乡风文明，并逐步营造具有本村特点的群众文化氛围。打造地区特色文化品牌，继而推动本村民俗产业的发展。

2013年7月，三年"大学生村官"任期结束后，张辛来福通过层层选拔，成为朝阳区三里屯街道办事处文化服务中心的工作人员，走上公务员岗位的他，继续为基层文化事业发展贡献自己的力量。

对于他来说，大学生村官的经历是他一生中最宝贵的精神财富，为胜任公务员工作打下了良好的基础。他用在"村官"期间学会的用情用心用劲与基层群众交朋友、心贴心；用质朴的语言，真诚的行为为基层群众排忧解难、化解矛盾的工作方法，在面对社区居民开展工作时，仍然得到了社区居民的

张辛来福工作照

支持。

2016年6月28日,张辛来福以出色的业绩被三里屯街道工委评为优秀共产党员荣誉称号。无论是做"村官"还是公务员,他都尽职尽责、尽心尽力地为提高村民或居民的文化生活而勤奋地工作、奉献着,在平凡的岗位上尽情地散发着自己的光和热。

志高存远

——扎根西藏奉献青春

> 这一路走来,我经历了悲喜忧愁、品尝过酸甜苦辣,也正因为如此,才使我感觉自己的求学生涯是充实的、青春岁月是无悔的。
>
> ——北京联合大学2007级信息学院通信工程专业校友符世能

符世能工作照

2007年的金秋,我怀着朦胧的憧憬、心中的梦想走进北京联合大学的校门,成为一名联大在校生,在这所于改革开放中诞生的京城高校书写着青春岁月学海求知的新篇章……时光荏苒转眼即逝,十几年后的今天,当我静下心来回顾自己从小学到大学这十六年求学求知走过的路时,不禁感慨万千:这一路走来,我经历了悲喜忧愁、品尝过酸甜苦辣,也正因为如此,才使我感觉自己的求学生涯是充实的、青春岁月是无悔的。

心怀梦想　发愤读书

我出生于云南省的一个贫困村,家乡位于云贵高原交界处,四周高山环绕,交通不便、水电不通。在我6岁的时候,父母送我到离家20公里的村小学开始上学。上学后,在老师的教导下,我第一次知道大山外面有一个美丽的世界、读书可以改变命运,我只要好好学习,就有机会走出大山去美丽的世界上大学,等等。还记得每当周末放学回家的路上,我都会站在大山高处环视四周那些连绵起伏的山脉,心里想象着外面世界的样子,梦想着有一天从这里走出去……

美好的梦想,激发了我学习的兴趣。读小学期间,我每天都努力读书,学习成绩也不错,小学毕业之时以全乡第一名的成绩考入了乡初中。这本是值得高兴、庆幸的事情,但我家当时的经济情况是负担不起学费的。乡亲们得知此事后,有人劝我父母说:"你们跟孩子商量商量,这学就别上了"等。当父母面带难色问我还想不想在读书时,渴望求学求知的我态度坚决地说:"我一定要读书,一定要上大学!"哪个父母不望子成龙?为了使我有学上,父亲不得不去煤矿挖煤挣钱供我上中学,虽当时我仅是十二三岁的孩子,但我已朦胧地感受到了什么是生活拮据、什么是勿忘父母养育之恩,我只有珍惜父亲用辛勤汗水换来的学习机会刻苦攻读,长大后才有可能感恩报恩服务社会。就这样,我在初中学习期间认真读书且不懂就问、不会就学,三年后,我以优异的成绩顺利考入了县高中。

2007年7月,高中毕业的我顺利考上了北京联合大学,成为我们村里有史以来的第一名大学生。当年9月,我拿着录取通知书告别了父老乡亲,坐上了从云南至北京的火车。就这样,我实现了少时走出大山、走进美丽的世界上大学的梦想。

学海求知　注重实践

2007年9月,当我怀着无比激动的心情来到北京之时,现代化的楼堂馆所、宽阔的东西长安街、川流不息的来往行人,美丽温馨的联大校园、校院图书馆藏书应有尽有等呈现在我的眼前,我看到的是大山外面的世界如此之美丽!我由衷地庆幸自己能有机会在首都高校学海求知!

然而,高兴之余问题也接踵而至,在校期间每年近万元的学习费用让我茫然不知所措,如希望之火被熄灭般不是滋味,我不敢想象我的父母是否负担得起这笔费用,我该怎么办?我又能怎么办?就在我独自发愁时,班主任和学生处的有关老师得知此事后,马上找我谈及学校有关贫困生资助政策及奖励制度等。可以说是党和学校的好政策为我燃起未来希望之火,我从心里感谢党、感谢学校帮助我排忧解难,我想我能做的就是在校期间在老师的指导下学好专业知识、在知识的海洋里汲取营养,在学习中不断改造、充实、完善自我,争取学有所成、报效祖国,这也是我的学习目标。

在校四年间,我确实把学习目标辅助于行动了——第一学年学科平均成绩在90分以上,获得学院一等奖学金,第二、三、四学年,每学年的学科平均成绩均在85分以上,每学年都获得了二等以上奖学金,同时获得每学年度的国家励志奖学金和北京市一等助学金。

学好专业理论知识的同时,我还积极报名参加了校学生会组织的学生志愿者活动,如2008年参加奥运会志愿服务活动,被评为奥运会志愿者优秀先进个人;2009年参加60周年国庆大阅兵活动,被评为国庆阅兵优秀先进个人。在锻炼自我、服务社会的过程中,我萌生了毕业后到基层帮助贫困落后地区的老百姓尽快脱贫致富的愿望,以实际行动报答党和学校对我们的关爱和培养、父母的养育之恩!

值得一提的是，我在不知不觉中成为家乡学弟学妹学习的榜样。我想，可能是他们的父母从我的学习经历中感受到"学习改变命运"不是一句空话。我欣喜地看到和得知，我的家乡越来越多的学弟学妹走出了大山、走进了高校的殿堂！

符世能（左四）

无私奉献　服务西藏

2011年7月初，我大学毕业之际，正赶上团中央大学生志愿服务西部计划启动，这对我来说，也是实现帮助贫困落后地区的老百姓尽快脱贫致富愿望的一个机会，于是，我积极报名参加此活动并获得批准。7月底，我作为一名大学生志愿服务西部计划的一名志愿者，踏上了从北京至西藏的火车，来到西藏这一贫穷落后的边疆地区。

至此，我走出校门无私奉献、服务西藏的帷幕拉开了。

我被分配到西藏自治区教育厅财务处工作，这是我第一次以工作人员的角色独立完成本职工作。一方面，在校期间所学的专业知识、实践经验，有助我尽快适应本职工作；另一方面，工作中遇到实际问题时，我会虚心向身边的同事请教。就这样，我在干中学、学中干，在较短的时间内就能胜任本职工作。与此同时，我积极参加了单位组织的各类公益活动，如慰问孤寡老人、看望孤儿、辅导学生等，践行了"奉献、友爱、互助、进步"的志愿者服务精神的同时，奉献了爱心、得到了锻炼，可谓受益匪浅。

值得一提的是，我在西藏自治区教育厅财务处工作期间，有机会随领导和同事先后到西藏的7个地市近70多个县的200多个乡镇进行调研。当我走进西藏地市乡镇面对面地接触老百姓、了解民情，亲眼所见孩子们渴望读书的眼神、父母们希望政府尽快改善当地学校环境等等之后，我萌生了一个念头并毅然决然地做出了一个决定，那就是：扎根西藏、服务边疆。

扎根西藏　服务边疆

2013年7月，两年的大学生志愿西部服务工作结束后，我放弃了回城工作的机会，参加了西藏自治区公务员考试并顺利通过，被分配到西藏自治区拉萨市城关区夺底乡人民政府工作。由于有大学生西部志愿者工作的经历，工作上甘于奉献且虚心好学，2017年底，我被正式调入到西藏自治区教育厅工作，目前任西藏自治区教育厅教育考试院信息中心主任。

在教育厅财务处工作期间，我作为主要负责人，负责2012—2019年的全区教育系统经费预算、部门决算、财务报告编制、预决算公开、教育经费体制改革、教育经费保障政策拟定、公文材料拟定、教育招生考试、学生资助、教育脱贫等工作，由于工作业绩较为突出多次受到相关部门的表彰，参与的2012—2018年部门决算和预算工作年年被评为西藏自治区一至三等奖；2018年被评为西藏自治区教育系统优秀共产党员。

通过十几年的读书生涯和几年来扎根西藏、服务边疆的工作实践，使我明白了这样一个道理：不管人生之路多么崎岖坎坷，只要心怀远大理想并为实现之而奋斗，再难再苦也比站在原地更接近成功。我深知，青春短暂、转眼即逝且"只有倒退的人与车，没有倒退的时间和路"，为此，我将倍加珍惜青春岁月的每一天，为实现习近平总书记提出的伟大构想——"中国梦"、为在西藏这个神奇的高原上帮助贫困地区的老百姓尽快走上小康之路而作出应有的贡献！

超燃！

——这就是我们的联大青年

> 筑牢信仰之基，争做理想远大、忠诚可靠的联大青年。坚持不懈用习近平新时代中国特色社会主义思想武装头脑，坚定不移听党话跟党走，把对祖国血浓于水、与人民同呼吸共命运的情感贯穿学业全过程、融汇在事业追求中。
>
> ——北京联合大学党委书记楚国清

2022年9月9日，北京联合大学在北四环校区体育馆举办服务保障北京2022年冬奥会冬残奥会总结表彰大会暨首届"青年五四奖章"颁奖典礼。久违的《燃烧的雪花》音乐，将师生的思绪再次带回北京冬奥会冬残奥会的难忘时刻。表彰大会上，张秀峰、刘炳全分别为获得北京冬奥会冬残奥会的北京市先进集体、先进个人颁奖。

获奖者与到会领导合影

表彰大会上，校党委书记楚国清为北京联合大学青年突击队授旗。在校党委的见证下，冬奥志愿者将青年突击队的旗帜传递给校园防疫志愿者，体现了新时代的联大青年在党的领导下发挥生力军和突击队作用，实现了精神的传承与血脉的赓续！

校党委书记楚国清为北京联合大学青年突击队授旗

"刘啸腾同学'霜冻的睫毛'，张博文同学'第124棒火炬手'，乔晶老师'不是一个人在战斗'，特殊教育学院的同学们在冬残奥会开幕式上唱响'我和我的祖国'，以及全体师生为冬奥会冬残奥会做出的重要贡献，已经镌刻在共和国的长河中，书写在联大的校史上"。

"谷鉴岚说，生命裂了缝，阳光才会照进来。今天获得联大首届'青年五四奖章'的青年师生，都曾有过成长的烦恼、人生的难题。但他们最终战胜困难，不是靠别人，而是靠自己！"

楚国清书记在讲话中，深情回顾了北京联合大学参与服务保障北京冬奥会冬残奥会的过程经历，对近年来在学习工作岗位上表现突出的联大青年榜样表示肯定。他代表学校党委向获得表彰的全体服务保障冬奥会冬残奥会的师生们和首届"青年五四奖章"的获得者表示热烈祝贺，并给全校青年师生提出三点希望。一是筑牢信仰之基，争做理想远大、忠诚可靠的联大青年。坚持不懈用习近平新时代中国特色社会主义思想武装头脑，坚定不移听党话跟党走，把对祖国血浓于水、与人民同呼吸共命运的情感贯穿学业全过程、融汇在事业追求中。二要勇担时代重任，争做锐意进取、艰苦奋斗的联大青年。要以受到表彰的师生为榜样，始终保持青春无畏、一往无前的姿态，在青春的赛道上奋力奔跑。三要勤学善思笃行，争做学以致用、本领过硬的联大青年。要秉持"学以致用"的校训精神，像海绵吸水一样学习更多领域的知识，努力成为学有所长、学以致用的行家里手。他强调，全体联大师生要更加紧密地团结在以习近平同志为核心的党中央周围，以更加坚定的自信、更加坚决的勇气，向着实现中华民族伟大复兴的中国梦奋勇前进，为建设高水平应用型大学努力奋斗，以优异成绩迎接党的二十大胜利召开！

郭福校长宣读《关于表彰北京联合大学服务保障北京2022年冬奥会冬残奥会人员的决定》，并希望受到表扬的个人珍惜荣誉、再接再厉，充分发挥模范带头作用，更加奋发有为地推动高水平应用型大学建设、推动新时代首都发展，续写"双奥之城"荣耀。

全体与会嘉宾依次为获得学校首届"青年五四奖章"获得者董一凡、陈督、谷鉴兰、燕涛、詹小冷、张博文和"冬奥里的联大人"团队颁奖。通过视频，身在外地未能到场的首届"青年五四奖章"获得者徐潞岩、王永炜、韩丽分别作了获奖发言。

在《有我》的歌声中，服务保障北京2022年冬奥会冬残奥会总结表彰大会暨首届"青年五四奖章"颁奖典礼落下了帷幕。

"熟悉的《燃烧的雪花》又一次响起，思绪一下被拉回那个怀念难忘的冬天，看着现场穿着整齐的冬奥志愿者们，屏幕上一幕幕闪过的照片与视频，感谢学校的用心，用如此有仪式感的方式将志愿服务时的点点滴滴汇集，让我能在以后的生活也感受志愿服务精神，从中获得力量！"

——冬奥志愿者（师范学院于淇淇）

"冬奥里的联大人"团队与颁奖领导合影

"作为一名大一新生,我感受到了联大青年的榜样力量,冬奥志愿服务的学长学姐们和老师们,青年突击队的志愿者们,还有"青年五四奖章"的获得者们,我坐在屏幕前,为他们的故事动容落泪,也深受震撼,正如徐潞岩学长所说,我的大学生活刚刚开始,我一定会把握好我的大学生活,向着我的目标不断努力,向学长学姐和老师们学习,努力成为未来的联大榜样!"

——2022级新生(艺术学院刘芷彤)

青年榜样

——国家奖学金获得者掠影

> 于高山之巅,方见大河奔涌。于群峰之上,更觉长风浩荡。国家奖学金荣誉的背后,是勇攀学术高峰的理想与信念,是书写无悔青春的昂扬与奋斗,是追求梦想路上的勇敢与执着。此次获奖的30位同学是联大的青年榜样,他们用实际行动向大家证明:优秀的背后离不开勤奋、努力、担当、责任。
>
> ——北京联合大学国家奖学金获得者

不畏山高路远之跋涉者,山川回馈以奇绝秀色。不畏惧风高浪远之探索者,河湖回报以壮丽日出。在联大的校园中,有这样一群人。他们踔厉奋发,勇于创新。他们所有成绩的取得,无不源自于日常点滴的努力。他们就是2021—2022学年国家奖学金的获得者。

国家奖学金是国家级别的学生最高荣誉之一,也是荣誉等级最高、评审最规范、标准最严格的学生奖学金。2021至2022学年,北京联合大学共有30名本专科生获得国家奖学金。他们是学校勤奋学习、努力进取、怀抱梦想、脚踏实地、立志奉献的莘莘学子代表。

专注:天道酬勤,勇攀知识高峰

"学霸"是勤勉的代名词。此次北京联合大学获得国家奖学金荣誉的30位同学,他们的学年绩点均超过4.0,学习成绩和综合测评成绩均位于前

10%，他们也在市级以上竞赛中斩获佳绩。然而在这样傲人的成绩背后，是日复一日的勤勉学习。

"辉煌的人生，并不在于长久不败，而是在于不怕失败。"生物化学工程学院的孙童欣同学表示："高中时我的数学很差，虽然投入了很多时间和精力，但成绩一直不理想，导致我对数学产生了恐惧和抵触心理。在 2019 年的夏天我坚定了要学好基础知识的决心。面对高数，我克服自己的心理障碍，争先坐在教室前排。下课后，转身就向图书馆走去，经过习题训练，我掌握了做题方法，并在数学竞赛中获得三等奖。"

生物化学工程学院的朱鹏运同学经历复读、预科两次挫折，曾一度失去努力的方向。他发现失败不过是增加了他的人生阅历，于是他在失意的时候沉淀自我，寻找目标，最终将脚步迈进了北京联合大学的大门，成为一名在新时代不断奋斗的联大学子。应用文理学院的夏颖同学在保证主学业顺利进行的同时，辅修金融学专业，期间多次获得奖学金和三好学生荣誉称号。商务学院的孙艳琪同学利用课余时间积极参与各种竞赛活动，曾获得全国大学生英语竞赛 C 类三等奖、北京联合大学第二届"致用杯"大学生创新创业竞赛三等奖，同时她还考取了跨境电商 B2C 岗位资格证书与外贸单证员岗位技能专业证书等专业证书。

勇攀知识高峰的联大学子

第三章 立德树人——清晰明确的办学宗旨

"世界上哪有什么天资聪颖,不过是勤能补拙、百炼成钢!"这些同学优异成绩的背后是夜以继日的努力和披荆斩棘的前行,他们付出了99%的汗水,来迎接自己100%的荣耀与辉煌。

热爱:五育并举,青春向阳生长

学霸可不是书呆子,"文能称雄,武能称霸"才是他们的标签。身为联大学子,此次获奖的30位同学肩负着建设祖国发展的使命,在课业学习之外,德智体美劳全面发展一直是他们前进的目标。

师范学院的郭逍然同学积极进取,勇于拼搏。她说:"我坚信机会只留给有准备的人。"在学期间,她积极参与各项校内外竞赛,曾获第九届程序设计竞赛python程序设计二等奖。在校运动会中,她第一时间报名,最终拿到了校级第十七届运动会女子400米第二和800米第四的好成绩,真正践行"健康第一"的教育理念。师范学院的彭依楠同学爱好摄影,她喜欢用相机记录风景,记录生活,记录世间的一切美好。生物化学工程学院的杨恒在课外积极参与丰富多样的竞赛,如2019年首都高校体育舞蹈比赛、校级书法竞赛、全国数智人力大赛等,取得了优异成绩。

青春向阳生长的联大学子

智慧城市学院的朱爽同学作为院学生会工作人员参与组织了联大华音、

卢沟桥参观等活动。城市轨道交通与物流学院的胡琳同学则积极参与各项比赛，连续两年参加"低代码"比赛并获奖，在创新创业训练营中也取得了优秀的成绩。管理学院的窦玙轩同学作为"芳华"校友志愿者协会策划负责人，组织策划"校友回归护旗手升旗活动"、"校友大讲堂"、"校园文创作品展"等活动，将校友对于母校的爱传递到每一位在校生心中。特殊教育学院的姚庆敏同学是一名视障生，然而生活的荆棘并没有磨灭她对于生活的希望。面对突如其来的疫情，姚庆敏创作抗疫歌曲《祖国，听我说》，用简单的歌词和温暖的旋律，表达新时代学子对举国上下齐心协力、攻克难关的民族精神的赞美。

"我们十分期待即将到来的学校文化周，通过广泛参与校园文化活动，让我们拥有坚定的信念、强健的体魄、健全的心智，这些也将促进学业提高，享受成长的快乐！"获得国家奖学金的同学们如是说。

奉献：情系人民，躬行服务社会

果戈理曾说过："如果有一天，我能够对我的公共利益有所贡献，我就会认为自己是世界上最幸福的人了。"身为新时代青年，学霸们的背后尽显赤诚与担当，将青春不断挥洒在奉献人民服务社会的路上。智慧城市学院的朱爽同学热心公益，曾对联合国儿童基金会进行捐助，参与过智力西部行、"音画梦想"等爱心支教活动。

躬行服务社会的联大学子

第三章 立德树人——清晰明确的办学宗旨

2020年新冠疫情突然袭来，晴朗的天空被黑暗笼罩。面对疫情的危险，联大学子并未退缩。师范学院栗鑫、商务学院王子雯、旅游学院白文羽、管理学院牟美含、应用科技学院宋静轩、机器人学院丁茹等多名同学投身于抗疫志愿服务工作。应用文理学院的李正言同学身为志愿者工作部部长，毅然决然带领同学深入社区，助力新冠疫苗接种服务。城市轨道交通与物流学院胡琳同学报名社区志愿者，为社区住户运送物资并参加无偿献血。

2022年初，联大的一片片"小雪花"迎着第一场雪奔赴北京冬奥会冬残奥会志愿服务岗位。应用文理学院崔兰、商务学院孙艳琪、师范学院姚思宇等同学发挥专业特长，为冬奥会贡献青春力量。艺术学院杨莹回忆到，"2022年除夕当天距离冬奥会开幕还有4天，场站师傅和我们志愿者依旧坚守在岗位上并肩作战，只为向冬奥的圆满举办而进发。我是艺术专业的学生，具备一定的绘画功底，除夕当晚回到驻地后我便开始绘制作为礼物的主题海报。驻地条件有限没有充足的绘画工具，所以在绘制过程中我也遇到不少困难，因场地有限只能趴在瑜伽垫上绘制起稿，最终的海报在二月一日春节当天准时送到了场站师傅的手中。"

在2022年北京冬奥会志愿服务的联大"小雪花"

于高山之巅，方见大河奔涌。于群峰之上，更觉长风浩荡。国家奖学金荣誉的背后，是勇攀学术高峰的理想与信念，是书写无悔青春的昂扬与奋斗，是追求梦想路上的勇敢与执着。此次获奖的 30 位同学是联大的青年榜样，他们用实际行动向大家证明：优秀的背后离不开勤奋、努力、担当、责任。"大鹏一日同风起，扶摇直上九万里"。相信日后的他们必定可以为祖国发展贡献自己的力量。广大联大学子，也应以他们为榜样，持之以恒，全面发展，践行校训，学以致用，让青春在全面建设社会主义现代化国家的火热实践中绽放绚丽之花！

兰台风采

——传承校史文化,讲好联大故事

> 学校党委始终坚持"档案工作姓党"的政治站位,把档案工作作为长期性、基础性工作来抓,固本强基、守正创新,扎实推进档案事业高质量发展,忠诚履行存史资政育人职责,传承校史文化、讲好联大故事。
>
> ——北京联合大学2022年档案工作会暨档案工作先进集体和优秀档案工作者表彰大会召开

9月26日,学校召开2022年档案工作会暨2017-2021年度档案工作先进集体和优秀档案工作者表彰大会,校党委书记楚国清、副校长周彤出席会议。受到表彰的档案工作先进集体和优秀档案工作者、全校各立卷归档单位档案工作分管领导和档案员180余人参加会议。

楚国清充分肯定了近五年来学校档案工作取得的成绩和经验做法,他指出,档案是学校发展的历史凭证,是认识和把握学校发展客观规律的重要依据,是学校的宝贵财富。学校档案系统要不断加深对习近平总书记档案工作重要批示的精神实质、核心要义和实践要求的理解,始终对档案事业满怀神圣感、心存敬畏心,以高度责任感和使命感确保总书记的重要批示精神在联大校园落地生根、开花结果。

楚国清指出,档案工作,存是根基,用是目的,学校档案工作要适应时代发展,大胆创新,努力成为学校科学决策的"资料库"、师生查找信息的

"数据库"、服务三全育人的"思想库";要挖掘档案史料育人元素,在服务教学科研、助力人才培养、传承学校文化等方面发挥应有的作用。他强调,要继续加强党对档案工作的领导,加强学校档案工作队伍建设,固本强基,不断提高档案工作水平,使新时代学校档案工作在守正中续写新篇章,在创新中实现新发展。

档案(校史)馆馆长姜素兰主持会议,副校长周彤宣布《中共北京联合大学委员会办公室关于表彰2017-2021年度档案工作先进集体和优秀档案工作者的决定》,楚国清、周彤为获奖集体和个人颁奖。

楚国清为档案工作先进集体代表颁奖

周彤为优秀档案工作者颁奖

与会人员共同观看《2017-2021年度档案事业发展印记视频》,四位代表作经验交流。先进集体代表校党委办公室、校长办公室、党委巡察工作办公室主任王文杰分享归档文件对学校重大活动的支撑；商务学院党委副书记、常务副院长陈建斌讲述档案在 AACSB 商科认证中对学院学科专业发展的重要作用；管理学院院长鲍新中从学院内部档案工作运行管理体制机制的视角进行交流；机器人学院档案员苏慧作为优秀档案工作者代表展示档案人的一天。表彰会后，档案（校史）馆张树蕊老师进行档案工作业务专题培训。

学校党委始终坚持"档案工作姓党"的政治站位，把档案工作作为长期性、基础性工作来抓，固本强基、守正创新，扎实推进档案事业高质量发展，忠诚履行存史资政育人职责，传承校史文化、讲好联大故事。

与会人员合影

会议通过"线上+线下"的形式举行，受表彰的先进集体和优秀档案工作者在北四环校区主会场参会，学校各立卷归档单位的档案工作分管领导及档案员通过学校直播平台线上参加会议。

青春感悟

——润物细无声，立德以树人

在联大的课堂上，本来被单纯书写在纸上的事迹，一件件地被老师生动地描绘了出来。在这里，我又重新认识到了马克思列宁主义、毛泽东思想、邓小平理论、"三个代表"重要思想、科学发展观和习近平新时代中国特色社会主义思想。我逐渐明白了前人的伟大。正如伟大的物理学家牛顿所说"我看得远，是因为我站在巨人的肩膀上。"

——北京联合大学网媒2001B班忻五菲

我与北京联合大学的故事是从一个秋天开始的，经历了一个不同寻常的高考后，我们踏入了一个新的环境，拥有了一个新的身份。开始的一切都是陌生的，陌生的校园，陌生的老师，陌生的同学，甚至连课程都是陌生的，不再是单一的语数外，而是各种围绕专业开展的专业课。唯一不陌生的课程是从小都有的思政课。

在大一的第一学期，我们便学习了《习近平新时代中国特色社会主义概论》与《思想道德与法律修养》。这些看似我们早已在高中学过的课程又一次出现在了我们的课表上。但这却让我倍感亲切，我们在高中时每天背诵的各种思想现在想来依然可以脱口而出。后来我也知道了，不同专业都有思政课。为什么要给已经学习过大部分内容的大学生还要设计思政课呢？

古人说："敬教劝学，建国之大本；兴贤育才，为政之先务。"教育是民族振兴、社会进步的重要基石，是功在当代、利在千秋的德政工程，对提高人民综合素质、促进人的全面发展、增强中华民族创新创造活力、实现中华民族伟大复兴具有决定性意义。而习近平总书记也曾说过"思政课是落实立德树人根本任务的关键课程"。在小学、初中甚至是高中的思政课其实只是一个循序渐进、螺旋上升式的过程，是培养一代又一代社会主义建设者和接班人的重要保障。人的成长、成熟、成才不是一蹴而就的，而是一个渐进的过程。大学阶段，是人生发展的重要时期，是世界观、人生观、价值观形成的关键时期。高等学校是培养符合社会主义现代化要求的高素质人才的花园。

而我有幸在北京联合大学遇到了热情激昂，对思政课有热切情怀的老师。他们不是单纯的地照本宣科、，也不是为了教学而教学。老师们是真的热爱并且有信仰的人。思政课要引导学生立德成人、立志成才。只有打动学生，才能引导学生。教师在课堂上展现的情怀最能打动人，甚至会影响学生一生。真信才有真情，真情才能感染人。而这也是我为什么能在初入校园就在这里找到归属感的原因。

在这里联大的课堂上，本来被单纯书写在纸上的事迹，一件件地被老师生动地描绘了出来。在这里，我又重新认识到了马克思列宁主义、毛泽东思想、邓小平理论、"三个代表"重要思想、科学发展观、习近平新时代中国特色社会主义思想。我逐渐明白了前人的伟大。正如伟大的物理学家牛顿所说"我看得远，是因为我站在巨人的肩膀上。"今天的青年，我们更应该明白这个道理。身处百年未有之大变局的二十一世纪的我们，已经站在了许许多多先辈的肩膀上，而我们也应该去承担我们应该承担的使命与担当。

学校的思政课不仅仅是让我们认识了既有的历史，更是让我们去铭记历史，展望未来。作为一名新闻与传播系的学子更应该将历史铭记于心，我们将在未来用最坚定的声音，传播最真实的信息，用最深刻的笔触，书写更多正能量的故事。青年兴则国家兴，青年强则国家强。青年一代有思想、有本领、有担当，国家就有前途，民族就有希望。大学生作为国家的宝贵人才资源，祖国未来的花朵，要坚定理想信念，志存高远，脚踏实地，勇做时代的弄潮儿。

在学校的思政课上，我们明白了要有崇高的理想信念，牢记使命，自勉自励。理想信念是人生之基。崇高的理想信念是指引人生前进的灯塔。大学生的使命担当，应清晰的认识在到"使命在肩，奋斗有我"崇高的理想信念为广大的青年清晰指明了历史任务、奋斗目标和前进方向。我们也深刻了解了奋斗是青春最亮丽的底色。"自信人生二百年，会当水击三千里。"民族复兴的使命要靠奋斗来实现，人生理想的风帆要靠奋斗来扬起。此刻的我们要努力学习专业知识，在今后的学习工作中脚踏实地，要知道党的成就与荣耀也是一般一个脚印奋斗出来的。

润物细无声，立德以树人。我们应该明白"立德树人"的口号不应该只是喊喊而已，而要将其内化于心，外化于行。相信在不久的将来，在党、国家和学校的指导教育下，我们都有着朝气蓬勃的未来！

青春感悟
——以德育人，以德治教

> 时代呼唤担当，青年肩负使命。身为青年一代的法学生，生逢伟大时代。理应像习近平总书记在中央党校的讲话中强调的那样"练好内功，提升修养，做到信念坚定，对党忠诚，注重实际，实事求是，勇于担当，善于作为，坚持原则，敢于斗争，严守规矩，不逾底线。勤学苦练，增强本领，努力成为可堪大用、能担重任的栋梁之材，不负党和人民的期望和重托。"
>
> ——北京联合大学2021级法学专业学生李则何信

时节不拘，岁月如流。自填报志愿至踏入校门的那一刻，我意识到新生活的帷幕已然拉开，不同于高中的紧锣密鼓，书山卷海，而是全权自理自立的开端。扪心自问是否做好准备，我想答案是不确定。

带着新入学的好奇与迷茫，我聆听了开学第一次班会，这样的集体活动使得大家迅速地了解并热络起来，五湖四海的陌生同学在这间教室对彼此有了新的认识，班级凝聚力不断增强，大学生活的美好画卷添上绚丽一笔。同时我们也聆听了老师，学长学姐，对于本校的介绍，自身的学习经验等等，后期开展的三山五园文化、二十四节气文化讲座等，体现出我校深厚的历史底蕴；思政课、形势与政策等课程的开设进一步展现了本校的家国情怀，政治立场、办学宗旨、发展理念、治学态度。其中让我印象深刻的莫过于对办学宗旨的阐述。宗者，根本、效法也；旨者，用意、目的也。本校立德树人的办学宗旨，以德育为先，通过正面教育引导学生，感化学生，激励学生，以人为本。学校经常开展育德活动，以冬奥来说，例如"绿色冬奥，青年先行"，倡导同学们树立环保理念，帮助同学们寻找了解绿色冬奥的亮点；例如冬奥赛事有感，让同学们为祖国健儿的优异成绩而燃起对祖国，对运动员们的骄傲自豪。我国是中国共产党领导的社会主义国家，这从根本上决定了我们的教育必须坚持立德树人，培养一代又一代德智体美劳全面发展的社会主义建设者和接班人。作为社会主义建设者和接班人的我们，身处办学宗旨优良，学术氛围浓厚的学院环境中，切身体会着校方一直以来对于"以德育人，以德治教"的重视，积极响应党的教育方针，始终坚持立德树人，以德为先，把坚定正确的政治方向放在第一位。习近平总书记也指出："要从社会和国家事业发展全局的高度，坚持为党育人，为国育才，把立德树人融入思想道德教育、文化知识教育、社会实践各个环节。"作为联大学子，我深刻感悟到应认真学习马克思主义，坚持党的领导，坚定不移地走社会主义道路，提高政治意识，积极入党，为了响应时代号召，民族复兴而不懈奋斗。

同样，作为应用文理学院的一名法学学生，法学是一门实践性、逻辑性极强的社会科学。树人先育德，法学专业的老师就常常从案例中给我们讲述德行之道，我仍清楚地记得法理的第一堂课，刘老师站在讲台上对我们说："法者，天下之准绳也"。所以学法之人应身正有德行才能发挥法的准绳之用。我国是一个法治社会，显而易见的更是需要法治的社会。现实和理论不总是完美吻合的，这也许就是现实给予我们法学生学法的理由，社会、国家需要我们中的一部分人来学习法学，需要我们参与其中去助力，去创新，去改变。邓小平先生曾经将民主与法治作为建设社会主义的两大保证，如今有幸我可以加入建设社会主义的洪流中去，哪怕是作为一滴微小的水珠，我也拥有了永不干涸的生机与活力，也为建设社会主义贡献着属于自己的力量。

时代呼唤担当，青年肩负使命。身为青年一代的法学生，生逢伟大时代。理应像习近平总书记在中央党校的讲话中强调的那样"练好内功，提升修养，做到信念坚定，对党忠诚，注重实际，实事求是，勇于担当，善于作为，坚持原则，敢于斗争，严守规矩，不逾底线。勤学苦练，增强本领，努力成为可堪大用、能担重任的栋梁之材，不负党和人民的期望和重托。"法学专业是需要刻苦钻研，博览书籍的，下一番心无旁骛，静谧自怡的功夫，同时也需要做到又博又专。克服浮躁之气，静心品读经典。将学习、观察、实践同思考紧密结合，保持对新事物的敏锐，善于把握对历史和时代的方向，积极养成历史思维，辩证思维。积极响应习近平总书记的号召，立足新时代征程，不断增强法治意识，树立法学学科信念，以时代为己任，彰显出法学青年的新气象、新作为。

结语

——以树人为核心，以立德为根本

新中国成立后，中国共产党把教育事业和培养人的问题放到了重要位置，1957年2月，毛泽东同志在《关于正确处理人民内部矛盾的问题》中指出："我们的教育方针，应该使受教育者在德育、智育、体育几方面都得到发展，成为有社会主义觉悟的有文化的劳动者。"① 次年8月，在《教育与劳动结合的原则是不可移易的》一文中指出了全面发展，以及道德的具体内涵。即"我们所主张的全面发展，是要使学生得到比较完全的和比较广博的知识，发展健全的身体，发展共产主义的道德。"② 鲜明地体现了在当时历史条件下人才培养的规格。1977年7月，邓小平同志第三次复出，他以主要精力着重抓教育以及科研战线的拨乱反正。1978年4月22日，邓小平同志在全国教育工作会议上指出："学校应该永远把坚定正确的政治方向放在第一位。"并强调要加强各级学校的政治教育、形势教育、思想教育，包括人生观教育和道德教育。随后，邓小平进一步将培育德智体美全面发展的社会主义"四有新人"确立为教育的根本目标。1999年，江泽民同志在《教育必须以提高国民素质为根本宗旨》一文中指出："我们必须全面贯彻党的教育方针，坚持教育为社会主义、为人民服务，坚持教育与社会实践相结合，以提高国民素质为根本宗旨，以培养学生的创新精神和实践能力为重点，努力造就'有理想、有道

---

① 参见中共中央文献研究室：《毛泽东文集》：第7卷［M］. 北京：人民出版社1999年版，第226页。

② 参见中共中央文献研究室：《毛泽东文集》：第7卷［M］. 北京：人民出版社1999年版，第399页。

德、有文化、有纪律'的,德育、智育、体育、美育等全面发展的社会主义事业建设者和接班人。"[①] 并指出,"要说素质,思想政治素质就是最重要的素质。不断增强学生和群众的爱国主义、集体主义、社会主义思想,是素质教育的灵魂。"[②] 2006年,胡锦涛在中共中央政治局第三十四次集体学习会上强调:"全面实施素质教育,核心是解决好'培养什么人、怎样培养人'的重大问题,这应该成为教育工作的主题。广大教育工作者,要坚持育人为本、德育为先,把立德树人作为教育的根本任务,努力培养德智体美全面发展的社会主义建设者和接班人。"这标志着"立德树人"的正式提出。2010年7月,《国家中长期教育改革和发展规划纲要(2010—2020年)》中明确提出:"坚持以人为本、全面实施素质教育是教育改革发展的战略主题,要坚持德育为先、立德树人。"2012年,党的十八大报告中指出:"全面贯彻党的教育方针,坚持教育为社会主义现代化建设服务、为人民服务,把立德树人作为教育的根本任务,培养德智体美全面发展的社会主义建设者和接班人。"这是中国共产党全国代表大会的报告中第一次将立德树人确立为教育的根本任务,这是对十七大"坚持育人为本、德育为先"教育理念的进一步深化,进而成为指导教育事业改革创新发展的纲领性意见。党的十八大以来,以习近平同志为核心的党中央,一直团结带领全国各族人民,奋力实现中华民族伟大复兴的中国梦,并始终坚持将教育事业摆在优先发展的战略位置,并多次强调立德树人,形成了丰富的有关立德树人的思想。新时代背景下,立德树人不仅为教育事业的发展指明了方向,还为人才培养和高等教育事业的发展提出了新的要求。同时也是我们党从推进党和国家事业发展、实现党和国家长治久安出发提出的一项重要的战略任务。

2018年5月2日,习近平总书记在北大师生座谈会上强调:"'才者,德之资也;德者,才之帅也。'人才培养一定是育人和育才相统一的过程,而育

[①] 参见江泽民:《江泽民文选》:第2卷[M].北京:人民出版社2006年版,第332页。
[②] 参见江泽民:《江泽民文选》:第2卷[M].北京:人民出版社2006年版,第332页。

人是本。人无德不立，育人的根本在于立德。这是人才培养的辩证法。"而育人是本。人无德不立，育人的根本在于立德。这是人才培养的辩证法。并进一步指出："要把立德树人的成效作为检验学校一切工作的根本标准，真正做到以文化人、以德育人，不断提高学生思想水平、政治觉悟、道德品质、文化素养，做到明大德、守公德、严私德。要把立德树人内化到大学建设和管理各领域、各方面、各环节，做到以树人为核心，以立德为根本。"习近平总书记的论述，再一次强调了我国高校所肩负的立德树人的使命，指出了高校所应坚守的办学规律，明确了以立德树人为根本的人才培养的辩证法。将"立德树人"衡量高校一切工作的根本标尺，并提出了"以树人为核心、以立德为根本"的新时代中国特色社会主义教育原则，提出了"明大德、守公德、严私德"的明确要求，进一步确立了立德树人的核心地位。

教育是一种培养人的活动和事业，是一项对教育者和受教育者进行培养和塑造的社会实践活动，培养人和塑造人的"这一本质属性贯穿于一切教育之中。""培养什么人""如何培养人"是教育要解决的根本问题。立德树人是高等教育的本质，是高等教育建设的内在要求，是"努力办满意的教育"的根本，为高等教育改革指明了方向；立德树人目标的实现受到众多教育要素的影响，例如教育者、受教育者、教育内容和教育载体以及教育环境。生动的校史故事为教育者提供素材，为受教育者带来价值引领，充实丰富教育内容，扩展完善教育载体，优化教育环境。

第四章
学以致用
——注重应用的办学定位

XUEYIZHIYONG

学术型高校关注"学以致知",应用型高校强调"学以致用",在知识进步、社会发展进程中,两者不可或缺,相互补充,相辅相成。应用型大学的灵魂是学以致用。学以致用,"学"的是理论,"用"于实践,并于实践中得到检验。其本质是把理论知识和实际应用结合,将理论知识运用到实际生活中,于生活与实践中发现问题,促进理论创新,去解决实际问题,如此循环往复,综合提升理论水平与实践能力。这是一个不断研究新情况,解决新问题,促进新发展的过程。学是用的前提条件和基础,用是学的最终目的和归宿。只学不用,是纸上谈兵;只用不学,容易滑向经验主义。因此,学用需结合,学以为用,以用促学,才能发挥知识价值,并将理论知识真正转化为认识世界、改造世界的实际能力。在北京市八一学校考察时,习近平总书记强调,"要注重学用相长、知行合一,着力培养学生的创新精神和实践能力,促进学生德智体美全面发展。"青年要在干中学,学中干,坚持理论联系实际,学以致用、用以促学,用理论武装头脑、指导实践,做到学、思、用贯通,知与行统一。社会是人生的大学校,生活是人生的课堂。青年要成长为国家的栋梁之材,不仅要学习理论知识,更要注重深入社会实践。要鼓励青年置身于现实生活领域,积极引导青年投身于火热的生活之中,以日常生活中观察社会,向群众学习真知,使自己的思想理念和学理知识更加贴近实际、贴近生活、贴近人民,从社会百态中体悟道理,在生活体验和磨砺中,找到自己的人生意义与时代价值,明确自己承担的社会责任与历史使命。

　　学以致用首先是"学",学是基础。非学无以明识,非学无以充德,非学无以致用,非学无以增长才干。学习马克思主义理论,必须精心钻研其深刻内容,努力通晓其精神实质,积极掌握其立场、观点、方法,舍得在钻研原著上下苦功夫,同时把向书本学习与向实践学习、向群众学习统一起来。学习科学技术前沿,必须深入研究本专业领域基本理论,了解相关专业知识,耐得住寂寞在基础理论研究深耕,同时与产业发展进程结合,与相关学科融合,将扩大专业延展性,促进理论创新。马克思提出:"理论一经掌握群众,

第四章 学以致用——注重应用的办学定位

也会变成物质力量。"① "学"要结合自己的工作实际学、结合自己的思想实际学、结合理论和现实中的重大问题学。把学习理论与探索解决重大实际问题结合起来，把改造客观世界同改造主观世界结合起来。这样的"学"才能为学以致用奠定基础。② 要达到"用"的目的，就必须以"学"作为手段。没有学好，就难以运用，正如东汉唯物主义哲学家王充先生在《论衡》中所言，"不学自知，不问自晓，古今行事，未之有也。" 不同复杂程度的运用，就需要不同层面的学习。应用型大学不仅需要开展研究，而且只有通过研究，才能真正成为名副其实的大学。只不过应用型大学的科学研究着眼于应用性研究。应用型科研，是应用型大学"区别于学术型高校和专科层次院校的基本特征之一"。③

学以致用，"用"是关键。理论的价值在于指导实践，学习的目的在于应用，表征着学习出发点与落脚点的科学统一。实践搭起主体与客体认识的桥梁，认识由实践活动获得。"全部社会生活在本质上是实践的。凡是把理论引向神秘主义的神秘东西，都能在人的实践中以及对这个实践的理解中得到合理的解决"④，将全部社会生活的本质属性揭示出来，点明了社会历史是由人的实践活动构成的，实践推动着社会历史的变迁和发展，构成了社会发展的根本动力，还构成了全部的社会关系，与此同时，马克思还对实践解决现实问题的作用进行概括。"哲学家只是用不同的方式解释世界，问题在于改变世界"，指出了旧哲学的缺陷，提出了自己新哲学的任务，将改造世界作为人的本质的基本诉求，而改造世界的根本在于实践从而揭示了实践是把握人的本

---

① 参见中共中央马克思恩格斯列宁斯大林著作编译局：《马克思恩格斯选集》：第 1 卷 [M]. 北京：人民出版社 2012 年版，第 9 页。
② 祖嘉合：《学以致用：中国共产党思想理论建设经验的重要凝聚》[J]. 载《毛泽东邓小平理论研究》，2011 年第 7 期，第 140 页。
③ 参见刘汉成：《地方本科院校转型发展的实践探索》[M]. 北京：中国经济出版社 2015 年版，第 29 页。
④ 参见《马克思恩格斯选集》，第 1 卷 [M]. 北京：人民出版社 1995 年版，第 56 页。

质的唯一可能的视野和途径①，将自己的哲学变成了改造世界的理论武器。"思想等等是主观的东西，做或者行动是主观见之于客观的东西，都是人类特殊的能动性。"②实践是认识的决定性因素，决定认识的形成和发展，是认识的源泉，更是认识发展的动力。在知识分子、劳动模范、青年代表座谈会上，习近平总书记提出，"所有知识要转化为能力，都必须躬身实践。要坚持知行合一，注重在实践中学真知、悟真谛，加强磨炼、增长本领。"担当民族复兴大任的时代新人必须用新时代的标尺审视和要求自己，自觉加强学习，勤奋探索；知行合一，学以致用；在社会实践、综合历练过程中，掌握实践技能，练就扎实本领，担当作为；努力成为兼收并蓄、全面发展的时代新人。

---

① 参见穆艳杰：《马克思主义经典著作精选导读》[M]. 长春：吉林大学出版社2003年版第82页。
② 参见毛泽东：《毛泽东选集》第2卷[M]. 北京：人民出版社2009年版，第477页。

与北京发展同向同行

——对标首都发展,办出北京味道

> 以"人文北京重大问题研究""健康北京关键技术研究""智慧北京科技创新研究"这些服务首都发展的重大项目为依托,联大已打造出"三个北京"学科群,重点建设了两个北京高精尖学科,有力提升了学校服务北京的能力和贡献度。
>
> ——北京联合大学学科专业侧记

办学40余年,联大的学科专业与北京发展同向同行。在建好建强北京市重点建设的应用型人才培养基地过程中,对标北京经济社会发展需要,不断整合优化学科专业结构。通过学科建设、学科融合、学科交叉,努力解决北京经济社会发展前沿领域的关键核心问题。目前,学校设有10大学科门类70个本科专业,获批国家级一流专业建设点12个、北京市一流专业建设点22个。

新时代的人文北京 DNA

"北京学"是联大特有的高精尖学科,也是学校立足北京、研究北京、服务北京的直接体现。依托北京学,联大开设了"走读北京"通识教育课程,带领学生用脚步丈量京华大地、用心感悟古都文化意蕴。学校成立北京全国文化中心建设研究院、北京非物质文化遗产学院,对接北京"一城三带"保护发展。积极围绕北京中轴线申遗保护、三山五园国家文物保护利用示范区建设、大运河长城西山永定河三条文化带保护发展、北京历史文化名城空间结构演变及优化、首都文化深度挖掘、北京考古、城乡社区治理等领域，持续产出高水平文化智库成果。近年来，学校考古团队先后开展了"北京石窟寺专项调研""北京出土古代服饰形象动态展示"和"北京高校研究生考古论坛"等高水平学术活动。

新时代的绿色北京 DNA

"双奥之城"北京的味觉 DNA——奥运菜单让全球印象深刻，多学科多专业组成的联大专家团队以唯一高校团队的身份，参与"双奥"菜单制作和餐饮的筹备、策划、测试、运行全过程，菜品质量和品质受到了国际奥委会官员尤其是巴赫主席和各代表团运动员的一致好评，向全世界展现了北京冬奥会的"北京味道"。

积极投入北京乡村振兴建设，联大重点帮扶北京房山区马安村和门头沟区下清水村，以绿水青山涵养北京宜居农村；每年举办"城市健康与环境"国际学术论坛，建设北京市生物活性物质与功能食品重点实验室，持续推动北京的健康、环境和可持续发展。

新时代的科技北京 DNA

锚定北京国际科技创新中心建设方向，联大在学科建设中力求体现北京的"创新"味道。

聚焦跨学科创新的智能机器人、智能汽车等前沿科技，率先在全国高校成立机器人学院，与北京奔驰汽车有限公司、北京地铁集团等一流高新技术企业建立紧密的合作关系，将科技创新、学科建设与服务北京行业需求深度融合。代表学校人工智能与机械自动化技术跨学科融合标志性成果的联大智能车团队，在国内智能驾驶领域屡创佳绩。

将新一代信息技术和大数据作为学科建设的切入点，联大成立了智慧城

第四章 学以致用——注重应用的办学定位

在国内智能驾驶领域屡创佳绩的联大智能车团队

市学院。先后建设"城市服务大数据中心"、北京市信息服务工程重点实验室,通过推进新工科建设和大数据云上链共享,举办"城市服务大数据研究与应用"学术论坛等途径,搭建了大数据信息驱动、学科建设、人才培养与社会服务深度融合的科技创新平台。

新时代北京的"国际范"

围绕国际交往中心建设,联大将提升学校国际化水平,将服务首都发展、展现北京文化相结合,形成联大教育国际化中特有的北京味道。

学校顺应"一带一路"倡议,建设黑山下戈里察大学旅游特色孔子课堂,向"一带一路"沿线国家讲好蕴含北京历史人文和旅游文化的中国故事。积极参与中国——中东欧国家首都市长论坛,发起成立"中国——中东欧国家旅游院校联盟",与俄罗斯高校合作举办"大都市轨道交通可持续发展"国际论坛,搭建服务首都建设发展的国际交流平台。聚焦欧亚交通走廊建设和城市轨道交通发展,积极开展轨道交通领域中外合作办学,培养"语言+专业"的国际化复合型人才。

老骥伏枥

——社会需要就是我的责任

> 我能取得成功的因素主要有以下几点：一是党长期的教育，使我有很强的事业心；二是善于抓住机遇，找准自己的位置；三是舍得投入，不计得失，不畏困难；四是安于平凡工作，并且在平凡的岗位上，努力做出不平凡的贡献。其实这正是信仰产生的力量。是成功的关键。老骥伏枥，不用扬鞭自奋蹄。不忘初心，永远革命。生命不息，奋斗不已。鞠躬尽瘁，死而后已。
>
> ——北京联合大学原自动化工程学院退休教授谭浩强

作为共产党员，最基本的要求就是要有坚定的革命信仰。人是应当有理想、有信仰的，否则生活就没有意义。共产党人信仰马克思主义，信仰共产主义，并为之奋斗。我们的入党誓词就表明了我们的信仰，我始终坚信：社会的需要就是我义不容辞的责任，教师育人是为党育人、为国育才的重要使命，促使我为育人终生奋斗。

回顾我的大半生，在数十年的奋斗中，建立和坚定了革命的信仰，在实践中经受考验。这个过程就是我建立和实践革命信仰的过程，现在我已近 90 岁了，当前我的任务就是继续："坚定信仰，终生奋斗"。

我对共产党的感情，来自我的亲身感受，自然而深刻，它深植于我的心中。1950 年学校党支部组织了积极分子学习小组，我作为党支部培养的积极分子，参加了党的基本知识的系统学习。我多次地向党组织表示了要争取作

第四章 学以致用——注重应用的办学定位

为共产党员的决心。1953年1月30日,在我进入18岁的时候,党支部通过我为中国共产党预备党员,我成为上海解放后第一批发展的新党员之一。这是我人生的一个重要的转折点,我非常珍惜和永远记住这个时刻。当时入党宣誓的照片和誓词,我一直珍藏了近70年。

在实践中锻炼成长:心中有信仰,脚下有力量

1980年中央电视台准备向全国普及计算机知识,到大学物色讲员,问"谁讲计算机课讲得最好?"有人说:"谭浩强!他的课是乌拉课('乌拉'是俄语'万岁'的意思)。"就这样把我请到中央电视台向全国讲授BASIC语言。当年的听众超过100万人,由此开始了我国普及计算机的第一次高潮。

从此一发不可收拾,我先后在中央电视台讲授了BASIC、FORTRAN、COBOL、QBASIC、True BASIC、PASCAL、C等7种计算机高级语言,听众超过500万人,向全国普及了计算机知识和计算机语言。今天的许多计算机专家,大都是在那个时候学习入门的。

后来很多人把我说成是"著名的计算机专家"。其实,我只是一个半路出家、44岁才开始自学计算机的普通教师。只是心有信仰,看准方向,抓住机遇,全力投入,才取得成功的。

在当时做计算机的普及工作,是需要有一些勇气的,是要有一些奉献精神的。很多人认为:有水平的人搞科研,没水平的人搞教学;有水平的人搞专业教学,没水平的人搞非专业的教学。有一位朋友曾劝我:你搞计算机基础教育和计算机普及很有贡献,但是搞一两年就可以了,不要长期搞下去。像你这样有基础有能力的人,应该去搞科研,争取出国,肯定会有更好的前途。还有的人把搞普及的人看作是"傻瓜",觉得辛辛苦苦,无名无利。我说,我愿意做这个傻瓜。有一次电视台采访我,问我为什么能够在这个平凡的岗位上干了二十多年?我脱口而出回答:"社会的需要就是我的责任"。后来电视播了我这几句话。受到大家的称赞。

我能取得成功的因素主要有以下几点：一是党长期的教育，使我有很强的事业心；二是善于抓住机遇，找准自己的位置；三是舍得投入，不计得失，不畏困难；四是安于平凡工作，并且在平凡的岗位上，努力做出不平凡的贡献。其实这正是信仰产生的力量。是成功的关键。

坚定信念：立德树人，义不容辞

我虽然现在已近90岁，目前不在工作岗位上，没有人要求我去从事各种工作，但是共产党员应该能够找到发挥作用的岗位。我决定从我做起，从一点一滴做起，利用自己的力量弘扬正气，宣扬正能量，帮助青年一代健康成长。我认为这是一件有重要意义的工作，义不容辞，积极投入。

关心学生成长，向20万大学生讲授"怎样做人"。由于我在计算机教育领域有较大影响，许多学校选用我的教材，不少大学请我给大学生作报告。我问学校领导希望我讲什么。学校领导说："学生很崇拜您，希望见见您，随便讲什么都行。"我考虑后决定不讲计算机技术，而是利用这个机会，向大学生讲讲"怎么做人"。多年来，向各省市的大学学生作了多场"怎样走向成功之路"的报告，和大学生谈怎样做人，怎样做事。我以自己一生的经历，向大学生介绍了我们这一代的一生是怎样度过的，讲我自己一生是怎样度过的以及取得成功的切身体会。

十多年来，我的足迹遍布长城内外、大江南北，应邀到了除宁夏外的全国所有省区（包括新疆和西藏），向300多所大学的学生作了"怎样走向成功之路"的报告，听众超过20万人。

一位大学的党委书记说"这是我听到的最好的报告。这是一次精彩的党课团课。你替我们做了一件我们本来想做而没能做好的工作（指对学生的思想教育）"。有一位大学校长对我说："没想到您的计算机书写得这么好，做思想教育报告也这么好。您可以改行做思想教育工作了。现在就需要像您这样的思想教育工作专家"。我笑着回答；"我本来就是做学生思想教育工作出身的，我是'双肩挑'的专家"。

应该说，这是我们"双肩挑"的优势，既可以讲出精彩的业务课，又可以讲出精彩的思想课。把红和专完美地结合于一身，给下一代显示"又红又专"的知识分子的形象。我们的社会不仅需要技术专家，更需要一批又红又专的知识分子。我觉得作为一个专家，向大学生讲怎样做人，是有很大优势的，学生容易听进去，效果很好。这应该是我们义不容辞的义务。

我们退休的老同志不仅要把业务工作的经验传授给下一代，更重要的是把我们这一代人的正确理念传授给下一代，使革命传统永不褪色。有的大学生在毕业多年后仍然记得我报告的内容，写信给我谈了他的体会，感谢我把他引上人生健康的道路。

保持高涨热情，继续为计算机教育作贡献。虽然，我已经年迈退休，但我的身体条件还允许我继续发挥余热，作出积极贡献。

一是精益求精，打造精品，创造了单本教材发行 1600 万册的最高纪录。多年来，我编写和主编了多种计算机教材，很多教师习惯用我的书讲授，因为概念清晰，讲解透彻，学生爱看我的书，因为通俗易懂，容易学习。许多师生说："C 语言原来是比较难学的，自从谭浩强教授写了《C 程序设计》后，C 语言变得不难学了"。但是，这绝非一劳永逸了，用书的人多了，挑毛病的人也会多了，要求不能出一点点小问题，必须精益求精。近年来我下大功夫以"十年磨一剑"的精神打造精品，创造品牌，为国争光。

根据计算机技术的发展和教学的实际情况，我对《C 程序设计》一书进行反复修改，逐字逐句琢磨，多次修订再版，现在已出版第 5 版了，被公认为我国 C 程序设计的经典教材。到 2020 年底已累计发行了 1600 万册，创下科技书籍国内外的最高纪录。北京市教委已将该书评为北京市优秀教材，并作为计算机类的第一本优秀教材上报到国家教材委员会，申报国家级优秀教材。

二是我在 2018 年捐款 100 万元，成立"谭浩强计算机教育基金"，奖励从事计算机教育的优秀教师和学生，已经在 2019 年开始奖励了全国计算机的杰出教师和清华大学的优秀学生。这是我对我国计算机教育的一点支持。

总之，无论什么时候，我都没有忘记自己是一名光荣的共产党员，始终坚定信仰，牢记使命，朝气蓬勃，高标准要求，努力奋斗。自问尽到了一个共产党员的光荣责任。我已年近 90，但是我的思想永远是年轻的。老骥伏枥，不用扬鞭自奋蹄。不忘初心，永远革命。生命不息，奋斗不已。鞠躬尽瘁，死而后已。

铿锵玫瑰

——业内四海如宾至，桃李芬芳自手栽

在旅游学院学习的辛涛，是有责任心的学生会主席。在酒店行业拼搏的辛涛，是有使命感的女性领导者。在高等教育创新的辛涛，是有创新力的新一代导师。"职场中，女性的天花板很难突破，我能做的就是双倍要求自己，努力学习、认真工作、抓住每一次机会，及时选择、做到最好。"辛涛，

——北京联联合大学旅游学院1979级饭店管理毕业生辛涛

铿锵玫瑰——酒店领导者

对于酒店业这个向来是男性为主宰的领域，辛涛这个名字并不陌生，外界对她的介绍大都是业界女性大咖。她长袖善舞领导着她的团队在竞争日益激烈、管理模式和方式面临巨大挑战和冲击中脱颖而出。"酒店是个小的社会、大的家庭，而我就是这个大家庭的家长"辛涛既有着慈父般的威严，又有着慈母般的爱心。对自己的"孩子"，辛涛以爱心作为理解的基石，以真诚作为沟通的桥梁，与员工彼此理解、支持、信任。

她不强势，但靠一种如水的坚韧与执着带领她的团队勇攀高峰；她不铁腕，但用一种女性细润的人文思想锤炼出骁勇善战的团队。

酒店业中女性高管的数量极少，作为一名女性总经理，辛涛不仅要面对工作上的竞争和挑战，还要承担家庭的责任和义务。也正是由于女性身上带有的社会功能、家庭功能、职业功能等，女性更能把酒店中的大事小情照顾

到。这是辛涛对女性在酒店业发展的判断。"职场中,女性的天花板很难突破,我能做的就是双倍要求自己,努力学习、认真工作、抓住每一次机会,及时选择、做到最好。"

辛涛工作着、享受着、美丽着的感悟给予了许多职业女性全新的人文诠释,这个兀自秉承着自己独特风格、独特视角的女人,犹如一泓碧水,清澈、宁静,一直保持着如水的心态,去看待事业,打理生活。

辛涛工作照

学无止境　任重道远

人生是一个不断学习的过程,对于辛涛来讲,亦是如此。保持对知识和世界的好奇心,去探索更多人生的可能。同样,这种"好奇"也会驱使着她自己探索酒店管理行业的更多角落,实现更高的人生价值。

1997年,在酒店行业发展得风生水起的时候,辛涛毅然选择去英国攻读工商管理硕士,学成归国后,辛涛被提升为公司主管领导,日复一日重复性的工作愈发使辛涛觉得枯燥乏味,她认为只有继续学习,才能触碰了解更广阔的世界,于是在四十而不惑的年纪,辛涛毅然离乡,走上出国深造的道路。在辛涛看来留学不仅为了学习而是为了深入了解不同国家间的差异和价值。

第四章 学以致用——注重应用的办学定位

正如她所写的毕业论文《Value for deference》所传达出的价值一样，跨国跨文化企业的文化价值应当得到认可和挖掘。

辛涛工作照

辛涛回忆起在学校的第一年，当时从英语系、法语系、日语系共23个班中选出6个班的学生学习饭店管理。辛涛作为从法语系转入旅游管理系的学生之一，成为旅游学院的第一届学生。

对于学习，辛涛认为，大学最重要的是教会了学生认识世界的方法论，学的专业知识，都是以后工作的基础。辛涛告诉我们，会不会高效学习是自己的机会成本，如果不会学习，浪费了光阴是自己的损失。相对的，如果在大学学习到的不仅是知识，还学到了怎么学习新的知识，那么无论今后是选择做会计、金融还是市场，都会受益匪浅。辛涛反复强调，学到的知识应该会灵活地运用。知识和技能是不能割裂开来的。技能是将知识在工作中转换而来的，如果缺少运用，知识只会是知识，永远不会转化成技能。辛涛告诉我们，很多大学生都认为现在学的没有用，但她认为所学的东西都是非常有用的，只是看你在哪个阶段用。

回忆大学的学习时光，辛涛记得当时讲旅游地理的是陈从周教授（中国著名古建筑园林艺术专家，清华工艺美院教师），他讲到了色彩装饰建筑物和家具的关系；讲食品安全的是空军总院的高级营养师，北京交响乐团的首席指挥讲过交响乐队的主要构成及如何欣赏交响乐。酒店里，需要辨别一个音响的好坏，衣服的颜色是不是太过绚丽，整体的环境是不是舒适，曲目合不合适，那些在校学习的知识在辛涛毕业后的工作中开始逐渐显现出作用。所以旅游是一个非常复杂的学科，涉及人们的方方面面，包括人们的吃穿用度，舒适享受等。在校期间，辛涛除了非常重要的外语学习之外，同样也接触了莎士比亚，托尔斯泰等国外文学知识。

首届学生会主席的成长与担当

辛涛是旅游学院的第一位学生会主席。作为学生会主席，辛涛需要妥善地解决各种各样的学生问题。当时学校没有食堂，申报了很多次都没有解决。身为学生会主席，辛涛带领学生会通过文艺演出的方式成功促使学校建成了学生餐厅。在那个信息不对称的时代，她还为学生们引进优质的讲座资源。辛涛把这些都当做是对自己的锻炼和挑战，虽然当时的条件有限，但她从未想过放弃，不断寻找最优的解决方案。

除此之外，她付出了整个假期的时间给大家服务。辛涛带领学生会的干事创办夏令营，组织同学去承德、北戴河、山东等地。在去北戴河之前，她会提前一步前往观察情况，送走最后一批人员时自己已经晒黑了好几度。所有干事都心甘情愿为大家服务，很辛苦，但大家都乐在其中。牺牲自己的时间，日后得到的都是的回报。辛涛说"我从中学会了协调、磨炼、包容这种做法对自己日后的工作是一种很大的积淀。重要的是把知识锻炼成能力，再将能力提升的过程。"

辛涛在学生会工作中，知识锻炼成能力，再将能力不断提升的空间。辛涛担任学生会主席期间，锻炼了社会能力，组织能力和协调能力，培养了解决问题的能力和责任心。这帮助她在进入企业之后能迅速熟悉业务,完美的和各行各业的工作者进行交流、合作打下基础。

有了大学所学的基础,四十年的工作经验以及博士带来的指导教学研究能力,辛涛站在老师的角度可以讲习学术,站在业界的角度又可以讲习专业的东西,再通过一所旅游应用高等教育的高地作为结合点将其整合。至今,她已经编著30余本教材,加入洛桑体制思想和自己在国外留学的经验,帮助酒店业的学生进一步学习。同时,她也是中瑞酒店管理学院的总督学,负责操办课程设置,教师考核等工作。

辛涛每年都会被全国旅游高等院校进修班聘去授课,饱受好评。身为一名教师、一位校长,辛涛可以用自己的语言风格来讲课。但就业界来讲,她又能得到业界的信息,从业界的角度分享优劣,解决在校老师的问题,用真心话帮助老师们答疑解惑。以对待酒店实习问题为例,辛涛认为老师需要设计好实习的平台。让实习单位把实习变成知识,让校方把它当成技能,给学校老师带来了新的思路。

现如今,辛涛可以探讨业界的东西,传授理论的东西,分享时髦的东西。今年辛涛主办的论坛反响很好,她通过几十年的积累,理解并使用年轻人的言语去沟通。除此之外,她还在论坛上请了许多年轻人来讲。她说:"年轻人讲的东西,岁数大的人会觉得耳目一新。年轻人看到其他人理解了,也会有成就感。"

针对现在的年轻人对有些事物体会不深,容易放弃等问题。辛涛提醒学生们,一定要把自己放在一个环境中去深耕细作并且有积淀的时间。比如说酒店业,当别的同学已经在其他行业上小有成就,而你还在酒店中为别人服务,时不时地被上司呼来喝去,乍看一点尊严也没有时,一定要记住:这不是知识的贬值,这是为了明天的进步,要记住你今天的努力,为了明天的目标继续迈进。今天吃的苦要坚持下来,这都是为更美好的明天打下的基础。等坐到办公室,再回想过去的时候,你会很 enjoy(享受)当时的过程,反思当时的每一项工作是不是可以更科学化，这是可以提升管理技能的。但如果当时没有坚持下来，失去坚持的目标，就因而放弃，便会更加迷茫。No Pain, No Gain（一分耕耘，一分收获）。

在行业内，辛涛是一位十分努力，从不放弃的成功人士；在教育中，辛涛又是一名经验丰富，敢于创新的导师。

她是位"年轻"的良师，用亲身经历把一个个大道理变成对新一代大学生的嘱托。不需要过多的理论，更不用苦口婆心的解释，她好像能看透我们年轻一辈的想法，站在大学生的角度和我们一起思考问题。

她更像朋友，把自己的人生经历一字一句诉说给你听。把所有艰难的经历讲述的风轻云淡，但仔细回想，她看似风调雨顺的人生历程实则暗流涌动，她能将危机一一化解，少不了一点一滴的积累和付出。这也是辛涛最想告诉我们的，"今天所做的一切都是为了更好的明天"。这条真理，多少年轻人不屑去听，但她的故事，却正是对此最好的论证。

校友抒怀

——大学分校改变了我的人生轨迹

> 大学分校,为我打开了走进高等学府的大门,改革开放为我提供了锻炼成长的机会,我个人的进步与国家科技事业的发展息息相关。我相信在为实现理想奋斗的过程中,即使前行的道路并不平坦,只要肯学习,肯钻研,肯努力,灿烂光辉的明天一定会更美好!
>
> ——分校时期清华大学第一分校电子技术专业1978级校友贺场

清华大学第一分校电子技术专业1978级校友贺场

白驹过隙,时光荏苒。每回想起我从一名插队知青到有机会考上大学,从一个普通的体力劳动者成长为一名知识型技术人才的这段人生历程时,感慨颇多。在此我由衷的感触是:大学分校,改变了我的人生轨迹。

知青的迷茫

1976年3月25日,我从北京分司厅中学高中毕业后来到北京顺义县俸伯公社插队落户。

当时京郊农村的生活条件非常艰苦。我们这些从城市里长大的孩子突然改变了生活环境,在没有未来目标和心理准备的状态下,窘态百出。那时并没有大学招生制度,所以每个同学只是盼着两年后被召回城里做一名普通工人。至于未来干什么工作,那就靠撞大运了。大多数男生的期望是只要不当建筑工人,其他工种均可接受。至于如果能够开车当司机,估计是要走后门了。在农村的那段日子里,我们除了下地干活,就是想各种办法找门路。无聊的时候打扑克,聊段子。完全没有生活目标。

1977年,当我们听说恢复高考的消息时,兴奋之余便是忐忑不安。因为当时我们完全不懂大学招生的路数,至于自己的学习水平就更没有底了。这一年的高考我是参加了,但考试结果令我不堪回首。也就是在这次考试之后我才知道想上大学谈何容易。但是我不能放弃考大学的愿望,因为如果放弃这个愿望就更没出路。为实现上大学的愿望不得不硬着头皮从头学起。77年招生与78年招生之间只有半年时间。在这半年时间里,我需要补齐从初中一年级到高中三年级的全部数理化知识和语文政治时事知识,几乎不太可能。何况农村的大队领导并不像城里人那么知书达理。由于我要停产学习会影响大队的生产利益,大队领导当然要百般阻挠,想方设法阻止我回家复习。我记得我向大队书记请假回家复习功课时,他不仅不批准还说我走白专道路,并且说高考不许我报名。结果我也确实在报名时没能如期在村里报上名,而是报名日期截止后到公社里才勉强报的名。他见没有拦住我的报名,又扬言如果我考不上大学,就别想从这个村靠分配返城。从那以后,我准备高考的压力陡增。

记得78年高考我是在顺义县城关中学参加的。考试结束后,自我感觉不错，以为各门功课能及格就应该有学上了。但没想到的是当年北京市的考生成绩出奇的好，在我知道 350 分的录取分数线时，我心里的感觉真可谓是瓦凉瓦凉的。当我偶然听说林乎加市长组织北京市各高校办分校解决 300 分以上的考生上学难的报道时，就像漆黑的夜里突然看到了一道明亮的曙光，顿时兴奋不已！以至于过分高兴在从村里骑车回家的路上，竟然不小心撞上了大树，回到家里还自我调侃说：那自行车的后轱辘太着急几乎赶上了前轱辘！

当我拿到录取通知书的时候，真是百感交集。不知道如果没有分校招生，我将如何面对一起插队的同学和那位扬扬得意的村党支部书记。因为那一年我们村里的 20 多个知青当中，只有我一个人参加高考，有的同学已经开始返城回京工作了，我是这个村里最后一个返城的知青。

从知青到大学生的转变

对我来说，不只是考大学如此之难，上大学也许更难。读中学时，我学的是俄语，英语基本不会。虽说 1978 年高考，外语考分不记成绩。可是上学以后开始学习英语，对我来说压力空前的大。

1979 年，清华大学一分校位于北京东城区黄化门街道。当时清华大学一分校的授课方式主要是电视教学，校方请在京几所高校里的知名教授录制教学片，然后在分校里的闭路电视系统播放。我想，授课老师一定不知道我们这些分校学生的实际水平，也不知道我们是否听懂了他们所传授的专业理论知识，是否认真记下了重点内容。但是同学们的学习劲头并没有因为看教学录像而降低一分一毫。

大学老师的授课方法与中学老师截然不同，传授知识的速度远比中学老师快得多的多。当大一的第一学期临近期中考试时，学习上的压力使我已经是焦头烂额了。我不得不静下心来分析一下问题出在何处。分析的结果是：中学的文化基础较差，外语需要占用大量时间背单词查字典。

除此之外，还有一个更致命的要素，那就是我们这些走读生下课后，或骑自行车，或坐公交车回家，除在路上耽误不少时间外，回到家里也不能像在校生那样有足够的时间复习和做作业，甚至根本没有学习环境。这也是我当时最无奈的窘境。那时候国子监的孔庙还是一座附近闻名的社会图书馆，里面的大殿是一个可以容纳几百人的阅览室。然而附近有好几所分校，有数千名分校的学生和社会上的科研工作者，如果想到图书馆看书学习，经常要很早去排队拿座位号。夏天还好，冬天的时候等座位的队伍有时要排到阅览室的外面。每每此时，我不得不背着书包在阅览室外边排队边读书，有时一边跺脚一边哈气，脑子里还要背着英语单词。一个学期下来，虽然不敢随便浪费每一分钟，而考试的结果却是几乎每门课的成绩没有超过80分的，好几门课程的成绩都是只在60分之上一两分。我形容自己的成绩都是超低空飞行。但即使在这样的困难学习条件下，我从来没有过放弃的念头。因为我知道没有回头路可走了。只能去当垫桌子腿的蛤蟆——鼓着肚干！

分校学生的艰难与无奈

1978年首都各大学分校的学生都是走读生。学校的条件也是相当有限的。

就拿我们清华大学一分校来说，全校有25个班每个班有40名左右的学生。学校里既没有图书馆，阅览室，也没有游泳池，足球场，更不要说阶梯教室和大礼堂了。就连一个可以烧水做饭的学生食堂都没有。我上学的四年间，学校里没有在校内组织过一次文体活动。

记得一次学校为丰富学生的业余文化生活，曾租借东城区教师进修学院的礼堂举办了一次舞会。学校没有实验室，不得不组织我们到清华本校做实验课，为了上一次实验课，两校之间往返行程就要花去几个小时的时间。每个学期的实验课都是如此。那时候我国正处在改革开放的初期，各行各业百废待兴，国内大学尚未进入正常的运转状态，师资力量不足，实验室设备不够完善和先进。本来已经超编的北京各高校突然又多了1.6万名走读生，所有的北京高校资源立刻都处于紧张状态。社会资源当然也不例外。就拿我校

第四章 学以致用——注重应用的办学定位

的毕业实习来说,我们学校的有关老师几乎找遍了北京市所有可以接纳学生实习的单位。最后还是有一个班实在找不到实习单位,不得不在学校里做音频功率放大器作为学生的毕业设计实习。

更有意思的是同学之间的年龄差距很大,我们班入学时年龄最大的33岁最小的17岁,最小的一个女生可以称最大的男生为"叔"。因此彼此之间的文化水平,生活环境也是有所不同。如:有的同学是应届高中毕业生,具备英语交流及阅读能力,与我这样上大学才开始学ABC的学生相比不可同日而语。又如:我们班的班长,他回家后除了和我们一样念书做作业之外,还要尽一个当父亲和丈夫的责任——带孩子做家务。

从工作中理解上大学的真实价值

对于曾经是一个知青的我来说,上大学让我的人生价值产生了质的飞跃。使我从一个普通的体力工作者成长为知识型技术人才。然而我认为更重要的是,通过在大学汲取营养,我的思维方式和行为方式均有了根本性的转变。这种转变为我后来在工作中的成功奠定了一定基础。当然,随着社会的不断进步,我们在大学里所学的知识已经落后于日新月异的科技发展了。但重要的不是在大学里学的这些知识,而是获取这些知识的方法和手段对于我后来工作起到了启迪和暗示的作用。

举例来说,我上大学时还没有微型计算机,我们有一门课叫作《计算机原理》,那时学这门课完全不知所云。还有两门计算机语言课,也是学得云山雾绕。我记得,计算机原理里有一个概念叫"保护现场"。这个概念的原意是:外部设备向CPU申请中断时,CPU要利用堆栈(寄存器)将现场的状态存入堆栈,遵循先入后出的原则。简单说来,就是从哪拿的放回哪去,以备再次使用不会搞乱。然而这个概念正是后来我在维修工作中保持井然有序的重要习惯。其实这样的例子还有很多。

我退休之前的工作单位是一家美国知名的仪器公司，主要生产半导体测试设备和一些通用仪表。我在个公司做售后维修服务，面向全中国的用户。公司的产品包括上百种型号的各种仪器和系统。用户包括各半导体器件厂家及科研院所，手机生产厂和各理工科大学科研机构。我的信念是这个公司的产品在中国到我这里就是最后的屏障。十多年来一直是这样。即使我解决不了的问题，我也要与美国工程师沟通找到让用户满意的解决方案。绝大多数的维修工作都是我亲手完成的。

我从一个完全没有自信的知青成长为一名能独当一面的工程师，靠的是分校教给我的学习方法和工作中的不懈努力，以及经验积累，逐步走向成功。当然在我的人生经历中还有很多坎坷和无法忘怀的故事，那些也都离不开我在大学里所学到的人生哲理。

从我去农村插队到我退休离开最后的工作岗位，也曾经更换过多个工作角色。这一过程中，我也曾有过幼稚的想法，也曾经历过生活的磨难。我也是我们班里极少数一直坚持干本专业工作的毕业生之一，也许这正是我们这一代大学毕业生的特点。正像那句歌词所说，没有经风雨怎能见彩虹，阳光总在风雨后。我既是祖国发展的见证者、参与者，也是改革开放这几十年民富国强的受益者。大学分校，为我打开了走进高等学府的大门，改革开放为我提供了锻炼成长的机会，我个人的进步与国家科技事业的发展息息相关。

总而言之，我相信在为实现理想奋斗的过程中，即使前行的道路并不平坦，只要肯学习，肯钻研，肯努力，灿烂光辉的明天一定会更美好！

学子风采

——以赛促学，以学助赛

北京联合大学注重发挥学科竞赛在人才培养中的关键作用，参赛师生以学科竞赛为"大思政课"舞台，彰显了对新工科人才"以赛促学，以学助赛，学赛结合，相辅共进"的特色培养方针和对师范人才"学科素养融通、实践创新突显"的培养特色。

——联大学子在中国机器人及人工智能大赛全国总决赛中取得佳绩

2022年7月26日，中国人工智能学会和慈溪市人民政府主办的第二十四届中国机器人及人工智能大赛全国总决赛拉开帷幕。本届大赛共有来自870多所高校近1.2万支队伍报名参赛，共有504所高校1788支队伍晋级全国总决赛。我校学子共获得全国总决赛一等奖2项，二等奖2项，三等奖1项，优秀奖1项；北京市省部级一等奖1项，二等奖4项，三等奖4项。

其中，机器人学院机器人工程专业学子在金晓明、田娥、李克鸿、徐亚茹、商新娜、门森等老师悉心指导下，陈同舟、李广、张淞良等13位同学参加了深度学习智能车赛项、助老服务机器人赛项、智能车F1挑战赛，共获得全国总决赛一等奖1项，二等奖2项，三等奖1项，优秀奖1项；北京市省部级一等奖1项，二等奖4项，三等奖4项。在仿人机器人多人舞项目中，由师范学院教育信息技术系赵瑛、魏威两位老师指导，张丰、刘畅、王硕三位同学组成的"三人行"团队荣获全国总决赛一等奖，梁佳欢、张荣辉、李雨泽三位同学组成的"LYZ"团队荣获全国总决赛三等奖。

获奖证书

北京联合大学注重发挥学科竞赛在人才培养中的关键作用，参赛师生以学科竞赛为"大思政课"舞台，彰显了对新工科人才"以赛促学，以学助赛，学赛结合，相辅共进"的特色培养方针和对师范人才"学科素养融通、实践创新突显"的培养特色。师生在比赛中拓展了专业视野，增长了个人才干，进行了跨学科融合创新，实现了综合素养与实践创新能力的进一步提升。

中国机器人及人工智能大赛是由中国人工智能学会主办的一项历史悠久、影响广泛的全国性学科竞赛。该大赛入选中国高等教育学会大学生竞赛排行榜，是国内首个在机器人及人工智能领域提出并将关键技术研发、应用相结合的比赛，是国内规模最大、影响力最强、专业水平最高的机器人赛事之一。作为中国人工智能学会最早主办的竞赛之一，大赛已为我国培养了大量"能动手、敢创新、善协作"的复合型人才。

兰台风采

——首都档案治理体系建设高端论坛

> 2021年6月10日,中共中央办公厅、国务院办公厅印发《"十四五"全国档案事业发展规划》,首次提出档案治理体系建设并将其列为档案四个体系建设之首。学校全面推进档案治理体系建设,提升档案治理效能,从治理制度、治理机制、治理方式和监管模式等方面着手,实施档案制度规范建设工程,理顺机制,主动治理,参与主办首都档案治理体系建设高端论坛,搭建交流平台。
>
> ——档案(校史)馆积极提升档案治理体系建设水平

2023年5月20日,由北京市档案学会、北京联合大学共同主办的"守档为民 资政育人"首都档案治理体系建设高端论坛在我校举行。中国档案学会理事长杨冬权、北京市档案学会会长李立军、校长李学伟应邀出席并致辞。活动由副校长周彤主持。

杨冬权表示,首都档案工作者聚焦档案治理体系建设,组织专题论坛进行研讨,非常必要、及时,希望论坛成果对首都甚至全国档案治理体系建设有所促进,形成推动。李立军表示,构建首都档案事业发展新的格局,应当从整体出发、从结果出发、从系统论角度出发、从问题导向出发,进行研究和思考,推动首都档案事业高质量发展。

李学伟在致辞中指出,论坛主题"守档为民 资政育人",既从为党管档的事业高度进行研究,又落地到高校的人才培养,非常务实。他欢迎首都档案精英齐聚我校，共商档案治理体系大计，共谋校企协同人才培养良策。感谢上级档案部门对我校档案工作以及档案学专业建设的大力支持和指导；我校将继续以应用型人才培养为根本，推进首都档案管理产学研用的全面合作，为首都档案人才培养和首都档案治理体系建设作出贡献。

会议现场

论坛现场还举行了校企合作协议签约及实践基地揭牌仪式。北京联合大学档案（校史）馆与三家企业分别共建文档管理、智慧档案管理、电子票证管理校企合作实践基地，校企深度融合，为行业、企业培养更多高水平应用型人才。

揭牌仪式

论坛主要围绕首都档案治理体系建设展开。杨冬权、李立军分别作了题为《怎样贯彻执行好档案法》《档案资源建设工作模式的转型思考》的专题讲座。我校应用文理学院档案系副教授潘世萍围绕档案专业教育、首都档案人才建设现状与瓶颈、校企协同人才培养模式探索与实践进行交流。国家档案局信息化推进处处长王大众围绕"十四五"时期档案信息化建设的发展方向和重点工作进行分享。北京京鼎源信息技术有限公司董事长陈峰作了《数字中国背景下的首都档案信息化建设发展透视》的发言。

北京市、区档案部门负责人，机关、企事业档案工作负责人，以及部分高校档案部门的负责人共计200余人参加了此次会议。论坛通过北京联合大学直播平台、兰台之家、精英档案人同步直播，观看人数万余人，活动得到了档案行业专家学者的一致好评。

青春感悟

——"学以致用",回馈社会

  一代又一代人连续不断地艰苦奋斗为我们创造了良好的学习生活环境,我们应当时刻牢记自己的使命,用自己所学的知识回馈社会,回馈祖国。用自己的青春力量践行新闻理想,用自己的脚步丈量祖国大地,用自己的双眼发现中国精神,用自己的耳朵倾听人民呼声,从而为讲好中国故事贡献自己的青春力量。

——北京联合大学2021级新闻学专业学生张婧书

  习近平总书记曾勉励我们当代大学"大家要志存高远、脚踏实地,学好知识,打好基础,增长才干,将来为中华民族伟大复兴贡献自己的智慧和力量。"

  联大的校训是"学以致用","学以致用"的学,是有用之学,能用之学;"学以致用"的用,是学了能用,学了会用。在这里学用一体,不可分离。

  高考结束之后的我怀揣着对未来的美好期许,如愿以偿地成为联大众多学子中的一员。随着不断推进的学习,我逐渐感受到了联大老师们教学的魅力,他们秉持着"学以致用"的教学理念,在每日的课程中教导着我们该如何运用自己的专业知识为祖国和社会贡献一份属于自己的力量。老师们更是充当着我们联大青年人生导师的角色,为我们树立正确的人生观,价值观,引导着我们寻找属于自己的职业使命。后来,我们接触到了许多优秀的高年

第四章　学以致用——注重应用的办学定位

级学长，我的专业是新闻学专业，摄影是我们的专业课，在他们的一张张作品（照片）中看到了他们对于本专业的热爱、在一部部小短片中看到了他们如何用专业服务奉献社会。老师们的淳淳教诲为我们勾勒出梦想的蓝图，做着未来道路上的指路明灯。学长们分享的故事是我们不断前进的目标，在为理想而努力的途中不断给予我们力量。

除此之外，校园的一些学生活动也让我感受到"学以致用"在联大无处不在。在2021年秋季学期，我院学生会承办了"不忘初心，砥砺前行"的党史学习答题活动。我很荣幸地作为工作人员参与了这次意义非凡的活动。活动的流程大致分为初期"党史学习知识题库储备""党史答题""每日党史推文"三个部分。在为期五天的党史答题活动中，工作人员认真履行自己的职责，积极学习党史的同时，在线上宣传党史知识，在线下组织现场答题活动。作为干事的我，不仅弥补了之前对党史学习的不足，更是担当起了党史宣传的助推者。广大的联大学子们也踊跃地参与本活动，同学们对党史知识储备提升的同时，更是进一步激发了同学们的学习热情。"不忘初心，砥砺前行"的党史学习答题活动生动地诠释了学一致用的校训。组织人员将学到的党史知识宣传到广大的学生群体，再由学生群体进一步地传播开来。这次活动也在我内心留下了一颗"学以致用"的种子，在我未来的学习及生活中萌芽并成长为参天大树。

在老师的教导、学长的启发下，我开始思考该如何更加清晰地规划这短暂的大学生活，规划美好的青春，思考属于当代青年人的使命担当。

一代又一代人连续不断地艰苦奋斗为我们创造了良好的学习生活环境，我们应当时刻牢记自己的使命，用自己所学的知识回馈社会、回馈祖国。由于新闻的特殊性，新闻宣传者需要具有坚定的政治方向、强烈的社会责任感，熟练掌握撰写新闻稿和视频图像制作等相关知识，拥有较高的艺术审美水准和宽阔的国际视野。从古至今，新闻都是人们生活中所不可或缺的一部分，它真实地反映当下社会所及具有的问题，让人们得以了解生活中的一些变动，了解自己所处的那个时代,他是时间的记录者,是时代的缩影。而作为新生代新闻人的我们,该如何用自己手中的笔,书写祖国的成就,讲好中国的故事是值得我们深入思考的问题。

"用脚步丈量祖国大地,用眼睛发现中国精神,用耳朵倾听人民呼声,用内心感应时代脉搏",总书记的重要讲话令我备受感动。身为新闻与传播专业的一名学生,要做到精通新闻学专业技能和树立正确的新闻学意识观念,积极立足时代发展的前沿,感悟媒介和技术的发展给社会带来的深刻变革,从专业知识方面感受时代的脉搏,用学术论文镌刻时代发展的记忆。用自己的青春力量践行新闻理想,用自己的脚步丈量祖国大地,用自己的双眼发现中国精神,用自己的耳朵倾听人民呼声,从而为讲好中国故事贡献自己的青春力量。

青春感悟

——应用为本，学以致用

> 历史是过去的沉淀，也是判别未来的方向。所以作为青年一代，我们更要熟悉历史，了解客观规律和历史的发展，从史实中汲取经验和教训，总结经验，加以创新，坚持用双脚丈量大地，用双手创造奇迹，在建设祖国的道路上不断丰富自身，报效社会，努力成为自强不息的新时代新青年。
>
> ——北京联合大学2023届文物与博物馆学专业毕业生付艺涵

高考之后，我如愿进入联大历史文博专业。初入联大，我便了解到"学以致用"是我们的校训，而以后的专业学习，更让我深入体会学以致用以渗透到学校的方方面面。

学以致用指引下的校园文化氛围。历史是一个民族兴衰更替的见证；它像一面镜子，无论是正确与否，它都可以给予客观的真实评价；它凝聚着先贤智慧的结晶，诉说着文化历史的源远流长。初入学校时，我还并不太了解自己的专业，但我还记得第一次踏入学校文博馆时的震撼。这里收藏有各个时期的文物及非遗工艺品近千件，映入眼帘的有陶器、古钱币、斗拱、字画，还有模仿制鼎的陶范和蓝田人、北京人、的古人类头骨模型等等。之前，我一直认为这样的展览只会存在于外面的大型博物馆，从不曾想过可以在学院内看到这样精彩的展览，不由得让我惊诧不已。

学以致用指引下的课堂学习。经过了近三年的学习，我们的专业课也频频给我带来惊喜，印象最深的是赵静芳老师的动物考古。在初始的几堂课中，老师带我们用 ppt 学习不同动物的骨骼、牙齿等的特点、区别和判断方式，我没想到的是，在后面的课程中，老师真正带我们走进了实验室，给予我们近距离观察和感受不同动物骨骼的区别和特点的机会，这样的体验生动又直观，也让第一次近距离接触不同动物骨骼的我们获得了对课程及专业的极大的兴趣与更好的体验，也正是通过这样的学习方式，结课后，大家基本掌握了不同骨骼的辨认方式。

学以致用指引下的专业实践。2021 年的暑假，我和我的同学们在学校的文物修复实验室进行了为期数周的北京光源里瓷器整理绘图工作。经过老师的指导，混杂着泥土和动物骨骼的陶瓷残片，跃身于纸上的一张张平面图，自己一个月的辛苦终于转化为历史遗留的真实写照。中国是闻名世界的文明古国，我们地大物博历史悠久，但是随着时间的流逝，这些文化遗产都经受着时光的冲刷，形成了不同程度的损伤，金属锈蚀，纸张腐烂，木器皱缩，石雕崩坏，要想找回他们蕴藏的宝藏，只有经过抢救和修复，才能继续保存和探索它们深藏的秘密。文物修复为一项技术性很强的工作，文物的类别不同，修复方式也不同，所以如果想成为一名修复人员，就一定要掌握各方面的知识，再结合科学的保护措施灵活运用，所以在专业知识的学习中，老师授予我们的也正是将中国古代的传统工艺和现代的科学技术相结合，所以作为一名历史文博系的学生，学好专业知识，提升专业素养是最基础的一点，这样才能真正做到成为一名基础扎实，具有人文素养、科学思维以及先进的文化遗产保护理念的历史文博系学生。

习近平总书记曾说："历史是最好的教科书。"于我而言，我学习的意义就是探寻并记录这些流传下来的瑰宝，它们不只是写在纸上冷冰冰的文字，而是记载着人类文明的灿烂篇章，从结绳记事到《竹简纪年》，从发明出笔墨纸砚到现在科技日新月异，我在电脑前敲下这篇文章，历史一直被铭记，它能经历时间的冲刷与考验，正是因为每一代的中国人都深知历史的价值。

第四章　学以致用——注重应用的办学定位

历史是过去的沉淀，也是判别未来的方向。所以作为青年一代，我们更要熟悉历史，了解客观规律和历史的发展，从史实中汲取经验和教训，总结经验，加以创新，坚持用双脚丈量大地，用双手创造奇迹，在建设祖国的道路上不断丰富自身，报效社会，努力成为自强不息的新时代新青年。

学以致用是北京联合大学的校训，是学校"发展应用性教育，培养应用型人才，建设应用型大学"办学宗旨的核心内容，是"面向大众，服务首都，应用为本，争创一流"办学定位的精炼表达。从教学到育人，从专业建设到人才培养，北京联合大学始终如一，秉承"学以致用"的校训精神，不断提高学生学以致用的能力和意识，为国家培养了 20 万余名毕业生，服务于国家经济建设的方方面面。

结语

——知行合一，学以致用

马克思主义认为，人们认识世界的目的是改造世界，要达到这一目的必须要有科学的理论来指导人的实践活动，理论是行动的指南就是从这一意义上指明理论和实践之间辩证关系的。二者之间辩证统一的关系表现在：一方面，理论是实践的基础，理论对实践具有指导作用，只有在正确的思想理论的指导下，才能自觉地实现改造世界的目的；在错误的理论指导下的实践，只会走向历史的对立面。另一方面，只有在实践中才能产生正确的理论，理论只有回到实践中去为群众所掌握，才能变成改造社会的巨大物质力量，真正实现对客观世界的改造；也只有回到实践中，理论才能得到检验和发展。最后，理论的更新和发展可以推动实践的进步，实践的不断发展可以推进理论的完善。只有将已经获得的理论运用到实践中去，在实践中进行检验，正确的理论才能得到证实，错误的理论才能得以被发现、纠正或推翻，并且，在指导实践的过程中，理论自身才能得到发展。如果没有将理论运用到实践的过程，对事物的认识就没有真正地完成。从理论发挥自己真正的指导作用，随着实践的发展不断发展是首要前提；只有经过一定的中介环节，且为群众所掌握，理论才能回到实践中去并变成改造社会的物质力量；正确的实践方法也是理论向实践飞跃的基础，方法选择科学得当，才能实现预期的目标，达到事半功倍的效果。由此，理论和实践的内在统一性和二者之间辩证统一

第四章 学以致用——注重应用的办学定位

和相互转化的关系中全面地体现出来了。①

马克思主义认为,检验真理的唯一标准是实践,这就确立了实践对理论的决定性作用,成为马克思主义认识论的基本原则。实践是检验真理的根本标准,这个提法最早源自马克思的《关于费尔巴哈的提纲》,"人的思维是否具有客观的真理性,这不是一个理论问题,而是一个实践的问题。人应该在实践中证明自己思维的真理性,即自己思维的现实性和力量,自己思维的此岸性。关于离开实践的思维的现实性或非现实性的争论,是一个纯粹经院哲学的问题。"②"空洞的理论是没有用的,不正确的,应该抛弃的。"③"检验真理",实则是判断主观认识与客观事物的本质及发展规律是否符合,因为认识本身不能够也无法给出答案,只能由实践做出判断。"实践"包括生活实践和生产实践,也包括无产阶级实现自身解放的革命实践和道德实践,是主观见之于客观的过程,是主体认识与客观实际的结合,是检验认识现实性的唯一手段。"真理"是从实践中获取,是人们对客观事物的本质及发展规律的正确认识和总结,具有客观性,它不依赖于主体而存在。任何理论都必须根据实践的发展进行修正和更新,理论的完善总是通过不断克服不完善逐步完善的。只有不断接受实践的审验、在不断的自我反思中进行不断的自我修正和自我更新,才能实现自我完善和自我超越。正是这种不断反思的精神推动着人类社会的进步和发展。④ 马克思提出,"我们的理论是发展着的理论,而不是必须背得烂熟并机械地加以重复的教条。""发展的理论"或者理论的发展,都植根于对事物客观规律的认识。实践与认识都具有普遍性和现实性,实践作为现实的物质活动,是主体与客体相互作用的结果,是认识和思维对象化的

---

① 参见陈吉鄂:《思想政治理论课教师践行"四个统一"师德观研究》[D]. 吉林大学 2018 年博士论文.
② 参见中共中央马克思恩格斯列宁斯大林著作编译局:《马克思恩格斯选集》,第 1 卷[M]. 北京:人民出版社 2012 年版,第 137—138 页.
③ 《毛泽东选集》第 3 卷,人民出版社 1991 年版,第 817 页.
④ 参见赵盛梅:《王阳明道德教育思想及其创造性转化研究》[D]. 贵州师范大学 2020 年博士论文.

表现。理论研究的价值在于改变世界，改变世界的目的在于认识世界，脱离实践只认识世界则失去意义。①

习近平总书记立足于马克思主义认识论和实践论的基本观点明确指出理论学习是基础，要"以科学的理论武装青年"。实践锻炼是关键，"道不可坐论，德不能空谈。于实处用力，从知行合一上下功夫，核心价值观才能内化为人的精神追求，外化为人的自觉行动。"② 鼓励青年要"用于开创实践"，在理论学习中不断提高思想觉悟、增强知识储备、提升理论水平，在实践锻炼中不断加深对国情社情的认识，形成良好的行为习惯和道德品质，真正做到知行合一、学以致用。只有理论教育与实践教育相结合，才能真正达到"化理论为德性""化理论为方法""化理论为素质"和"化理论为能力"的目的。③

实践有助于提高我们认识和改造主观世界的能力，从而更自觉地从事实践活动。实践为发展认识、深化认识提供途径，使认识的发展成为可能。认识在实践中产生，在实践中检验，在实践中深化。实践的发展对认识提出新的需求，促使人们不断研究、认识和解决问题，新的认识服务于实践，进而满足人们生活和生存的需要。高校校史故事是理论与实践结合的产物，它记录了高校人实践过程及成果，再从不断的实践活动中获得认识的源泉，通过对认识进行分析推理、归纳总结，形成系统性的理性知识，认识将运用于更深刻的实践中。

---

① 参见赵盛梅：《王阳明道德教育思想及其创造性转化研究》［D］.贵州师范大学 2020 年博士论文。
② 参见习近平：《习近平谈治国理政》［M］.北京：外文出版社 2014 年版，第 173 页。
③ 参见赵盛梅，《王阳明道德教育思想及其创造性转化研究》［D］.贵州师范大学 2020 博士论文。

第五章

融合创新
——开放包容的发展理念

RONGHECHUANGXIN

2020 年《政府工作报告》中特别强调了"促进产学研融通创新",这充分体现社会治理需要高等教育对于人才创新能力的重要支撑作用。《中国教育现代化 2035》中明确提出未来需"创新人才培养方式,培养学生创新精神与实践能力"。因而大学生创新能力的培养,对经济社会的发展都有着不可替代的重要作用,更是创新经济、创新型社会的发展需要。① 人们也只有接受创新的教育,进行创新的学习,才能在知识经济社会中敏捷地接受新知识,才能创造世界,创新生活。卓越的创新能力充分地体现了一个人发现问题、积极探索的心理取向和善于把握机会的敏锐性。

创新是人类社会生生不息、永远向前的动力,是民族兴旺的不竭源泉。一个民族能否自立于世界之林,能否站在历史的潮头,能否位于科学技术的制高点,关键在于创新的能力和水平,而这一切又深深依赖于一个国家和民族创新教育能否得以顺利实施。在迎接知识经济的挑战中,创新教育将历史性地承担起知识和技术创新以及培养创新人才的伟大历史使命!②

高等教育中进行的创新教育也要根据自身特点形成自己的特色,其中重要一点就是加强教科研相结合的力度,注重学生创新能力的培养。从世界范围来看,大多数国家在高等教育方面都十分重视教育与社会的结合、高校与产业的结合,许多国家和地区的高新技术工业园区,都有着几所甚至数十所大学作为技术支撑。因此加大高校与企业、高校与科研机构的结合力度,使学生在科研、生产的实践中,培养实际的创新能力,这不仅有利于我国科研工作的发展,同时也是面向知识经济时代培养创新人才的新型方式。

学校的培养目标、学风、学术气氛及管理体制等都对学生创新意识的形成及创新能力的提高具有很重要的作用,创设良好的创新教育环境和氛围,培养和造就高素质的创造性人才,为国家创新体系提供充沛的后备力量与不

---

① 董慧:《大学生创新能力培养路径探索—基于"两链对接 四链融合"的实践思考》[J]. 载《中国高校科技》2022 年第 3 期,第 62—67 页。
② 朱永新、杨树兵:《创新教育论纲》[J]. 载《教育研究》1999 年第 8 期,第 8—15 页。

竭的发展动力。这是当代和未来知识经济时代我国教育肩负的最具挑战性的历史使命。校史故事以丰富的内容，为创新环境的营造提供良好氛围，为创新教育的开展提供生动素材，为开放包容理念的传承提供精神力量。

智慧城市人才培养

——助力北京智慧城市建设

> 北京联合大学智慧城市学院以"崇德尚能,智慧精英"为使命,以改革创新的精神,日益进取,不断发展,培养北京人民满意的智慧城市行业所需的IT类专业技术人才。
>
> ——北京联合大学智慧城市学院侧记

2017年6月16日,在与会嘉宾的共同见证下,全国第一个以智慧城市命名的学院诞生了,它就是北京联合大学智慧城市学院。虽然它是北京联合大学学院中的"新兵",但是它的诞生对我国智慧城市人才培养、科学研究、落地实践都有极大的促进作用。四年来,从该学院毕业的学生纷纷用自己的专业知识服务于大数据、人工智能、物联网、通信工程等领域,为北京智慧城市建设与发展贡献着力量。

紧跟北京"四个中心"战略定位——创立智慧城市学院

2014年2月26日,北京"四个中心"的战略定位正式提出,即全国政治中心、文化中心、国际交往中心、科技创新中心。北京面临着全新的城市格局重塑。在新定位的指引下,北京开始大力疏解非首都功能,腾退一般性制造业、区域性批发市场和区域性物流基地等,加快构建"高精尖"产业结构。

科技创新发展的原动力是人才建设。可以说,哪里有人才,哪里才有科技创新。北京高校聚集,是重要的人才基地,拥有诸多的世界级学府和研究

第五章 融合创新——开放包容的发展理念

北京联合大学智慧城市学院成立仪式现场

机构,因此,必须充分利用北京在人才和创新方面的优势。高校作为培养人才的重要场所,理应在这其中发挥自己应有的作用。

作为北京市重点建设的市属综合性大学,北京联合大学始终将培养高质量人才、服务首都发展建设作为目标。因此,在2017年6月,北京联合大学为适应北京"四个中心"建设和京津冀协同发展的需要,对学校工科类学院进行调整,在原信息学院的基础上组建了北京联合大学智慧城市学院。

北京联合大学智慧城市学院以"崇德尚能,智慧精英"为使命,以改革创新的精神,日益进取,不断发展,培养北京人民满意的智慧城市行业所需的IT类专业技术人才。

该学院拥有"计算机科学与技术"一级学科硕士学位授权点,其中的二级学科"计算机应用技术"为北京市重点建设学科,是学校首批硕士学位授权点之一。主要以计算机视觉与图像处理、移动互联与大数据技术、智能驾驶关键技术为研究方向。去年学院又成功申报电子信息专业硕士学位授权点。

学院现有计算机科学与技术、信息安全、物联网工程、数据科学与大数据技术、通信工程、电子信息科学与技术6个专业。其中,通信工程专业是国家级特色专业，计算机科学与技术专业是北京市一流专业。

学院拥有一支年轻、有朝气、勇于创新、应用性强的教师队伍。教师队伍构成突出三个60%，即高级职称占比60%多；45岁以下中青年教师占比60%多；博士以上学历教师占比60%多。

立足北京智慧城市要求——建设智慧城市学院

北京联合大学智慧城市学院的前身是北京联合大学信息学院，在多年的教学过程中积累了丰富的经验。学院随着更名，按照时代的新要求积极调整学院定位、育人体系、专业课程、师资队伍等。

育人体系方面，学院党委在落实学校党委相关文件的基础上，围绕"双智慧"人才培养目标，并结合学院自身特点，初步构建了"一体两翼多轮驱动"的三全育人体系。

其中，学院三全育人体系中的一体指以学生成长为主体。两翼指智慧IT（Smart）和智慧人文（Wisdom）。而多轮驱动包括：课程思政、校企合作、党团引领、实践育人、科研育人、管理育人、服务育人、环境育人等。同时，发挥师生"双主体"的能动性和创造性，即在育人过程中发挥教师"导"与学生"航"的作用协同推进，通过第一课堂和第二课堂，激发"双主体"的创新实践的内生动力，营造人才成长的良好生态环境，汇聚全员育人合力。

在北京联合大学智慧城市学院党委书记张俊玲看来，智慧城市是通过信息技术实现以人为本的城市建设和管理的结果，智慧城市建设所需要的人才既需要专业技术，还需要高尚的品格、科技创新精神、工匠精神、民族复兴的理想和责任。所以高校对智慧城市人才培养更需要思想政治工作贯穿人才培养体系的全过程，落实立德树人的根本任务。这个根本问题的有效路径是一种新的思想政治工作理念和育人的理念，其内涵是课程承载思政，思政寓于课程，其本质是一种课程观，强调课程的思想政治教育功能，所以课程思政是新时代课程建设的重要内容。"为此，学院通过种子工程、苗圃工程、燎原工程'三大工程'在实践中逐步推进实施课程思政的理论内涵，以点带面加强课程思政建设。"

种子工程是通过项目立项方式，培育"种子"教师，将重点和难点问题先行攻克，避免教职工畏难情绪；开展课程思政教学技能比赛，让优秀教师脱颖而出。苗圃工程是围绕"七个要有"，营造教师之间的互相交流和互相促进的平台，通过开展课程思政经验交流、主题党日活动经验交流等，扩大课程思政建设方法、成果的推广和应用，起到苗圃建设的作用。燎原工程则是通过将"种子"教师先行研究、攻克的课程思政建设成果装订成册，并用多维信息技术融合构建专业思政树系统，将课程思政建设的成果以虚拟现实展示，达到可视化、具体化、可操作的实际项目效果，满足专业思政资源的有效积累和应用，供所有教师学习、参考、交流，起到燎原的作用。

与此同时，在实践过程中，学院课程思政建设以教学研究项目立项的方式，逐渐形成了"以研究带动工作、以论坛带动交流、以课程思政带动教师培养"的专业教师培养工作方法。

一支协同有力的队伍是直接决定着育人制度的落实和育人实践的成效，因此学院自2017年成立之初就建立了专业系教师党支部书记参与学生工作的"学专融合"协同机制。与此同时，学院还通过广泛宣讲，开展三全育人"大学习、大讨论、大落实"等，积极引导全院教职工落实立德树人根本任务和"三全育人"具体任务的思想共识和行动自觉。

锚定北京未来发展方向——规划智慧城市学院

在北京联合大学智慧城市学院成立之初，智慧城市学院名誉院长、国务院参事、中国城市科学研究会理事长、住建部原副部长仇保兴就对学院寄予厚望。其中对人才培养方面提到："希望能培养出更多更好的智慧城市设计、建设、管理的复合型人才"。"科学研究要服务国家及北京市发展需要"。

北京联合大学智慧城市学院不忘教书育人初心，牢记立德树人根本任务，培养出了一批批活跃在智慧城市建设中的各种人才。据统计，截止到 2020 年 12 月，五年来该学院毕业生共计 2059 人，毕业生就业方向分布在信息传输、软件和信息技术服务业、金融业等各行各业，并符合信息技术渗透到各行各业的新时代发展要求。学院毕业生近五年平均就业率达到了 98.62%。由于专业社会需求量大且薪酬待遇较好，学生就业的专业对口率常年保持在 96%以上。

"这与学院重视与企业合作有关。"张俊玲介绍说，智慧城市学院的学生实行四年一贯制，每年都有机会到企业参加实习和实训。通过实习和实训，学生不仅能够将所学知识学以致用，还能了解最前沿的技术发展，认识和了解社会。为此，近年来，智慧城市学院各专业与相关企业通过校企合作机制，为各专业学生搭建了更为有效的实习、实训基地。

比如，信息安全专业就与北京易霖博信息技术有限公司、杭州安恒信息技术股份有限公司、国卫信安教育科技（北京）有限公司等企业合作，共同发力，架构"做中学""战中训"的新型培养模式，在实践中锻炼人才。计算机科学与技术专业与达内时代科技集团成立产学研项目导向实验班，校企合作创建面向行业的模块化课程体系，挖掘学生潜能，培养学生的专业核心能力和职业技能。通信工程专业与大唐移动通信设备有限公司合作，建立校外实践基地，定期送学生到企业实习，开阔学生视野，增强学生实践能力，助力通信行业应用型人才培养。

物联网工程专业与企业合作，共同指导学生的专业实习、毕业实习，并以产学研合作项目的形式开展了"Python 程序设计课程教学内容与计算机语言类课程体系建设"的研究。该专业还与北京赛佰特科技有限公司共建产学研合作基地，共同开发实验项目、编写《嵌入式应用》教材。此外，物联网科研团队还深入研究智慧城市的基础共性技术问题，联合北京城市科学研究会及其他单位，参与提出并建设智慧城市系列标准体系，梳理智慧城市核心需求和重要内容。

第五章　融合创新——开放包容的发展理念

2020年11月,《北京市"十四五"时期智慧城市发展行动纲要(公众征求意见稿)》,提出"到2025年,将北京建设成为全球新型智慧城市的标杆城市"的发展目标。这无疑对技术、人才等方面又提出了新的要求。

"人才是技术革新、城市发展的第一要素,人才培养则是大学直接或间接为城市各领域服务的基本形式。近几年以大数据、物联网、云计算、移动互联网为代表的新兴信息技术发展迅猛,技术创新和知识创新成为智慧城市建设的重要推动力,人才在推动技术创新及实现科技成果转化方面发挥着难以替代的作用。"张俊玲表示,2021年是"十四五"开局之年,北京联合大学智慧城市学院通过几年的积累已经摸索出一套属于自己的育人方法,是学校首批三全育人试点建设学院,并取得了一定成绩。今后,学院党委将对标时代要求,加强党的全面领导,继续提升学院高质量发展,为加快建设北京智慧城市而培养出更多的优秀人才,为首都率先基本实现社会主义现代化作出贡献。

守正创新

——开启高水平应用型大学建设新征程

> 这次学科建设与科技工作大会，既是吹响学校"十四五"时期学科和科技工作继续向前发展的"集结号"，也是吹响提高办学层次、创新驱动发展的"冲锋号"，为北京联合大学建设高水平应用型大学谱写了新篇章！
>
> ——北京联合大学举办2023年学科建设与科技工作大会

2023年3月10—11日，北京联合大学2023年学科建设与科技工作大会隆重召开。大会设10个会场，分为大会开幕式、各学院组织科技工作研讨学习、大会闭幕式，以及会后的学术活动月四个阶段。本次大会的主题是：守正创新谋发展，继往开来谱新篇，为持续提升学校核心竞争力努力奋斗。

大会现场

这次大会召开在全面贯彻党的二十大精神的开局之年，为落实《北京高校科研创新发展行动计划（2022—2024年）》文件精神，围绕北京联合大学"高水平应用型"大学发展定位，进一步落实立德树人根本任务和学校"十四五"时期暨未来五年发展规划，部署落实以学科建设为龙头、汇聚科研队伍、提升科技创新能力的发展路径与工作措施。大会总结了过去5年学校学科建设和科技工作取得的成绩和经验，客观分析存在的问题和不足；全面贯彻落实党的二十大精神，深刻把握新形势新要求，研究探索学校如何在服务国家科教兴国战略和北京经济社会发展中贡献联大力量，不断增强高水平应用型大学的核心竞争力；明确提出学校下一步学科建设和科技工作的总体思路和目标任务，进一步统一思想、凝聚共识，研究解决制约我校学科建设和科技创新发展的关键性问题，推进落实学校"十四五"时期学科建设和科技专项规划，不断提升人才培养质量、科技创新水平和服务社会能力，推动我校学科建设和科技工作重点突破和整体提升。

校党委书记楚国清在大会上作了题为《以学科建设为龙头 开启高水平应用型大学建设新征程》的重要讲话。他表示，学校组织这次大会，就是紧密联系学校快速发展的实际，把学习贯彻党的二十大精神与强化学科建设、提升科技创新能力、提升学校核心竞争力相结合，把智慧和力量凝聚到落实党的二十大提出的各项任务上来。我们要坚定信心谋发展，聚焦学校高质量发展及核心任务，持续推进学科建设龙头地位，强化应用基础研究，提高原始创新能力；促进应用研究，对接北京市高精尖产业发展，提高服务北京"四个中心"建设的水平；强化有组织科研，整合优化全校资源，凝聚大团队、构筑大平台，推进国家及北京市急需的关键核心技术及核心问题的研究，全面融入北京经济社会发展主战场，有序推动学校"十四五"规划高效落地，努力办好人民满意的教育，加快建设高水平应用型大学。

楚国清要求，要以此次大会为契机，进一步梳理学校学科建设和科技工作的特色、亮点以及存在的薄弱环节，强弱项，补短板；进一步优化结构，整合资源，开拓创新，不断提高学校核心竞争力，开启高水平应用型大学建设新征程!

校党委副书记、校长郭福作了题为《踔厉奋发　笃行不息　着力推动学校学科建设和科技工作迈上新台阶》的大会主题报告。他对学校五年来的学科建设和科技工作做了全面回顾,总结了成绩,分析了不足,并强调要以学科建设为龙头,以平台团队建设为依托,强化有组织科研,构建科技创新体系,实现高质量内涵式发展。郭福强调,必须做好高水平学科建设和创新性科学研究,我们的成绩来之不易。要清醒地判断,科学认识"十四五"时期我们面对的挑战和目前存在的问题,切实思考未来进一步提升学校学科建设与科技工作内涵质量的思路。学校要在校党委的坚强领导下,进一步深化认识、凝聚共识,切实将党的二十大精神转化为学校事业发展的强大动力,增强抓好学科建设、做好科技工作的积极性和主动性;进一步解放思想,坚定信心,踔厉奋发、笃行不息,力争使我校以高水平学科和创新性科研的崭新面貌走在高水平应用型大学前列。

北京市教委调研员李勇代为宣读了北京市教委副主任柳长安的致辞,肯定了北京联合大学近五年来的工作。北京联合大学学科特色日益突显,获评北京市党的建设和思想政治工作先进普通高等学校;已形成较为完整的学科布局;科研整体实力显著增强,实现跨越式提升;主动融入首都经济发展主战场,科研工作硕果累累,在高水平应用型大学建设方面取得了一定成效。希望我校牢记服务北京、服务市民的职责使命,立足新发展阶段、贯彻新发展理念、服务构建新发展格局,积极创造条件、主动把握机遇、敢于破解难题,不断以首善标准推动学校学科建设和科技事业发展迈上新台阶。在北京高等教育的总体格局中,力争走在高水平应用型大学建设前列,以实际行动全面贯彻落实党的二十大精神。

北京市科委副主任许心超作大会讲话,肯定了联合大学对未来五年学校的学科建设与科技发展做出的顶层规划和部署,联大人发挥学科优势,提高自主创新能力,是主动服务首都发展的决心和能力的体现。他指出,未来五

第五章　融合创新——开放包容的发展理念

年是北京落实首都城市战略定位、建设国际科技创新中心、构建高精尖经济结构、推动京津冀产业协同发展的关键时期。高校围绕这些任务，推动科技工作的重点、突破点和关键环节在于机制、人才、经费，要通过制度创新，释放更多制度红利，有效提升制度的激励作用，为科技创新发展保驾护航。

在开幕式上，校党委副书记王爱军宣读了表彰决定，校领导为学校科技创新工作做出突出贡献的教师和团队颁发了"科技创新突出贡献奖"，特此表彰在学校科技事业发展中做出的突出贡献的科技工作者和团体，鼓励我校各科研管理单位不懈努力，提高学校科技整体实力，进一步弘扬科技工作者的求实和创新精神。

"科技创新突出贡献奖"获奖教师和团队合影

校党委常委、副校长张恩祥作了题为《筑牢学科基础　提升科技实力　持续提升我校核心竞争力》的大会专题报告。他阐述了学科建设的内涵和以学科建设为龙头的重要性，提出遵循"强者更强、弱者不弱，补齐短板、凝练特色"的原则，统筹全校资源推进科技创新平台团队一体化建设。他指出，学校尊重教师的学术成长和科研自由，鼓励教师的差异化发展，尤其要激发教师学术领域无限拓展的可能性，处理好学校办学定位的精准性与教师个人发展的无限性之间的关系，支持广大教师胸怀天下，放眼世界，进行原创性的理论与实践研究，力争成为具有扎实的学识、宽阔的全球视野、卓越的育人智慧的新时代"大先生"。

3月11日上午，校内各教学科研单位就学校学科建设和科技工作组织开展交流研讨，专家教授和老师们纷纷建言献策。11日下午的闭幕式大会上，学校学科建设和科研工作代表作了交流发言。

商务学院常务副院长陈建斌教授在题为《AACSB认证视角下的学科建设——商务学院的实践》发言中，聚焦"教育造就人才，人才驱动科技，科技赋能教育"，阐述了"应用型大学如何做好学科建设？"这一思考和实践。他介绍了商务学院在追求AACSB国际认证的十年间，充分践行"使命驱动、持续改进"认证理念，探索了"国际范式、中国特色、北京实践"地方性国际化商学院发展之路，坚定了"以学科建设为龙头、高水平科研为抓手，通过创造有特色的商学新知驱动高水平应用型商科人才培养，赋能高品质特色化社会服务"的实施路径。

生物化学工程学院常务副院长赵卓教授围绕教授团队建设作了交流发言。生物化学工程学院通过加强"致力于教师特色发展的教授团队"运行机制的理论研究和实践探索，推进学院内涵发展，推进教授"治学、治教、治校"的管理模式，充分发挥教授团队提升学院人才培养、科学研究水平的重要作用，巩固学科建设的龙头地位。学院以教授团队为载体助力实施"激励工程　凝聚工程　服务过程"，不断提升教师的获得感、幸福感、安全感，打造有温度的科研、教学保障体系。

应用文理学院副院长张景秋教授作了题为《踔厉奋发勇毅前行培养高水平创新人才》的交流发言。她介绍了学院近五年的学科建设与科技工作。学院探索高水平应用型人才培养新路径，不断提高研究生教育教学和培养质量；扎根京华大地，砥砺深耕，做有用的科研，服务北京"四个中心"建设成效显著；落实"学术立校"战略，为学校申博和科研提升做出学院积极的贡献；服务北京全国文化中心建设高级别成果形成品牌效应；完善学科建设与科研管理工作机制，打造多个特色科研团队，增强服务意识，摒弃形式，注重成效。下一步学院将以申博为契机，进一步增强学科建设，力争更多的学科在全国学科评估中取得好成绩。

机器人学院执行院长张建成教授围绕平台建设作了交流发言。机器人学院明确了工学部框架下的新定位新目标，对标"十四五"时期国家机器人产业和北京市高精尖产业发展规划，努力构建新工科背景下"人工智能+专业的特色专业群建设"，保持轮式机器人和服务机器人的科研特色，建设国内知名的高水平有特色新工科学院。

这次学科建设与科技工作大会，既是吹响学校"十四五"时期学科和科技工作继续向前发展的"集结号"，也是吹响提高办学层次、创新驱动发展的"冲锋号"，为我校建设高水平应用型大学谱写了新篇章！

新工科课程思政一体化

——学以致用，通专融合

> "新工科"要立足新经济之"新"，以人工智能为引领，着眼于互联网革命、新技术发展、制造业升级等时代特征，教育引导学生把人生抱负落实到脚踏实地的实际行动中来，解决实践中的具体问题，服务经济社会发展。
>
> ——"新工科课程思政一体化研究与实践"项目开题

2021年3月9日，"学以致用、通专融合——新工科课程思政一体化研究与实践"项目举办开题会，该项目进入教育部第二批新工科研究与实践项目名单，由北京联合大学、新华网等8家单位联合申报。

项目负责人北京联合大学机器人学院综合研发创新中心盛鸿宇介绍，在"无处不终端、处处皆计算"的人工智能时代，学生未来可能会从事目前闻所未闻的工作。"人工智能、大数据、物联网等专业具备产业发展快、知识更新快、能力要求高的基本特征，对教师和学生的创造性思考和行动力提出更高要求。'新工科'要立足新经济之'新'，以人工智能为引领，着眼于互联网革命、新技术发展、制造业升级等时代特征，教育引导学生把人生抱负落实到脚踏实地的实际行动中来，解决实践中的具体问题，服务经济社会发展。"

北京联合大学机器人学院常务副院长张建成介绍，北京联合大学自2017年11月推出《关于推进"课程思政"建设的实施意见》，要求全校专业课教师挖掘各门专业课程蕴含的思想政治教育元素，把做人做事的基本道理、社会主义核心价值观的要求、实现民族复兴的理想和责任融入专业课教学中，把立德树人体现到学科体系、教学体系、教材体系、管理体系建设各方面。"学以致用、通专融合–新工科课程思政一体化研究与实践"项目组就是要落实上述要求，寓价值观引导于知识传授中。北京联合大学机器人学院副院长杜煜也谈到，在教学过程尤其是实践教学中进行多样化探索，通过多种方式实现教学目标，让学生都爱听爱学、听懂学会，动手实践并产生兴趣，在实践活动中把社会主义核心价值观培育和塑造润物细无声地融入实践课程，让课程思政教育入脑入心。

"新工科的基本内涵就是加快新兴领域工程科技人才培养，更新改造传统工科专业，培养创新人才。"加速科技黄雯表示，新工科建设是应对新一轮科技革命与产业变革的重要行动，计划通过课题凝聚地方院校力量，以"项目实训+可转化能力（将理论知识转化为工程实践能力）+思政、素质、能力有机结合"的泛半导体人才培养模式解决集成电路领域毕业生缺乏产业实践的问题，解决职业教育毕业生不愿做集成电路领域工作的问题。

"学生的思想高度与专业水平如同运动员的双腿，要同样的健壮、有力，才能在未来进入社会之后快速成长，如果思政没跟上，瘸腿的人才必然进步慢，甚至会跌倒，所以我们要将专业技术与思政教育有机融合，寓教于乐，激发同学们在进行专业学习的同时，快乐地吸收思想文化营养，为祖国培养德才兼备的优秀人才。"西门子工厂自动化工程有限公司工厂服务事业部总经理朱震忠认为，发挥跨国企业的优势，为学校提供融合思政教育的智能制造专业课程，以各省市的西门子公共实训中心为载体，将优秀的结合思政教育的智能制造课程推广到社会人才的培训，成为弘扬社会主旋律、传播新时代中国特色社会主义思想的堡垒。

课题组成员百科荣创总经理张明白认为，项目将聚焦"新的工科专业，工科的新要求"等新工科建设内涵，关注人工智能等新一代信息技术发展趋势，紧密对接产业智能化浪潮下的新工科智能技术人才需求，突出立德树人教育，通过深度校企合作，与行业、院校共同努力打造融入课程思政的新工科智能技术课程体系与工程教育实践体系，将课程思政做出内涵，做深做实，探索面向专业+AI与产教融合的新工科复合型工程技术人才培养模式，通过企业建设的思政教育校外实践基地为广大院校提供服务。

在课题分工研讨中，与会企业代表一致认为，要构建以"课程思政"项目为链条的模块化课程体系，挖掘专业课程中蕴含的思想政治教育资源元素，形成三个创新合作机制，一是产业的互通互联，在专业教学过程中有机融入家国情怀、学以致用、工匠精神、伦理道德等思政元素，提升新工科人才人文软实力。二是高校教育推广交流的新平台，通过引入主流中央媒体人民日报、新华网、行业用人单位、外企、国企及民营企业资源，推动政行联合，校企联合，打造优势互补、项目共建、成果共享、利益共赢的责任共同体，一同凝练新工科思政教学案例，弘扬大国工匠精神，培育工程伦理意识；三是产学研用的合作机制，高校、产业、媒体的深度融合创新组织模式，分工协作，服务地方经济。

启智润心

——培养高水平应用型创新人才

  科技创新是新时代催生新发展动能的关键。学校将科技创新、学科建设与服务北京行业需求深度融合，在全国高校中率先成立机器人学院，培养智能机器人、智能汽车等前沿科技所需的创新人才。学院以"智能硬件"为核心，组建跨人工智能与机械自动化技术学科的联大智能车团队，全力支持团队参加国内外重量级专业大赛，以赛促练，以赛促学，在力行实践中启智润心，培养高水平应用型创新人才。

——北京联合大学智能车团队

  北京联合大学"旋风"智能车团队，成立于 2014 年，是在人工智能专家、中国工程院李德毅院士指导下，由北京联合大学机器人学院刘元盛教授带领，专注于特定场景无人驾驶技术的专业团队。智能车团队在国内外众多专业大赛中屡获大奖，所提供的特定场景下无人驾驶解决方案在北京动物园夜间无人巡逻、北京顺义水上公园无人接驳、北京联合大学校园无人公交、深圳阿尔法巴无人公交等系统上得到了应用，并不断创新育人路径，凝练团队精神，致力前沿科技领域创新发展，将科研成果融入人才培养过程，引领学生在实践中锻炼成长。

"车队的每一名队员都是榜样"

  联大京龙无人驾驶技术团队的负责人杜煜自豪地说："车队的每一名队员

都是榜样。"智能车作为学校的一张鲜亮的名片，受到学校和北京市相关部门和领导的关注，也多次在全国的无人车挑战赛中取得傲人的成绩，为学校提升社会声誉做出了巨大的贡献，而这荣誉的背后是汗水、是努力、是坚持，是组织的力量，更体现出联大人的奋斗精神。

智能车团队合影

团队成员潘峰作为京龙系列智能车的车长，在开展智能车测试过程中，经常会遇到异常情况，车辆紧急制动或突然跑偏撞到路边路牙，造成爆胎、撞车等各种事故。他带领学生克服重重困难，在一次次实验排查、思考解决的反复实践中，用无数个彻夜未眠的努力，换来了一个个比赛现场的顺利完赛。

团队成员黄尚兵来自后勤服务公司，负责学校车辆的维修和保养，也是车队的机械技术专家。在实验的过程中，时刻都有他的身影，遇到任何车辆问题，他都以最短的时间度解决。正是因为有了他的保驾护航，我们的智能车才能在实验中不怕出问题，在赛场上保证不出问题。平心而论，车辆维修是个脏活苦活累活，但黄老师从不抱怨，用行动为师生树立了榜样。

无人车团队的每位师生都有着坚定的信念，每逢外出参加比赛，都会喊起同样的口号"跨界创新　跨越险阻　志在必得"的誓师口号，这既是口号，

第五章　融合创新——开放包容的发展理念

也是联大智能车团队的精神传承，激励着全体队员，经历了一个又一个考验，也取得一次又一次的胜利。

团结让我们完成了几乎"不可能完成的任务"

在一次中国智能车未来挑战赛上，组委会在赛前确定使用我校的无人车作为中央电视台现场直播车辆，但是就在赛前头天晚上接近午夜的时候，车辆在测试时遭遇了严重的事故，造成车辆转向系统损坏。

京龙2号（C30）电动车承担中央电视台直播实时采访用车任务

这个突发事件让大家措手不及，但每个人心中都有一个共同的信念，就是一定不能影响第二天的直播，这不仅关系到学校的荣誉，更是一项必须完成的政治任务。团队全体成员统一思想、绝不放弃。

距离早上赛队集合不到6个小时的时间里，大家各司其职，负责后勤保障的教师，跑遍当地，终于在凌晨2点联系到车辆维修单位。负责车辆调试的教师彻夜未眠，紧跟修车进度，调试车辆情况。经过彻夜奋战，终于在凌晨5点将车修好。当顺利进行比赛，并配合中央电视台完成了现场直播的任务时，大家相拥在一起，内心无比激动和自豪，光荣感和使命感油然而生。

正是联大智能车团队永不放弃的精神，集体荣誉高于一切的大局意识和团结协作精神，才造就了一次次的化险为夷和再攀高峰。

在力行实践中启智润心，铸魂育人

智能车团队将开展教学、研发、测试的过程，作为带领学生在实践中锻炼成长的"大思政课"。教师在课堂上，在试验场，手把手地将知识和技能教授给学生；在一次次战胜困难的过程中，将"攻坚克难、勇于开拓、顽强拼搏、永不放弃"的精神传承给学生；更在参与国际大赛，为国争光的过程中，培养学生们为中华民族伟大复兴不懈奋发的责任感和使命感。

智能车团队还将学生思想政治教育与科技创新能力、工程实践能力的培养相结合，开展教师党支部落实课程思政建设的创新实践，让知识更有味道、让课堂更有温度、让育人更有力量。在第二十三届中国机器人及人工智能大赛全国总决赛上，我校机器人学院师生共同设计的《党建宣传车》项目在人工智能算法与应用赛上获得一等奖佳绩。

《党建宣传车》项目获一等奖

第五章 融合创新——开放包容的发展理念

智能车团队获得的部分荣誉

参与智能车团队的学生毕业之后，有的自己创业，有的攻读博士学位，有的进入互联网企业开展无人驾驶车研发，但是无论他们在哪里，联大智能车团队的经历已经成为他们日后在学习和工作上的精神力量。

学子风采

——挺膺担当，科创强国

挺膺担当、科创强国，北京联合大学将继续积极引导联大青年在奋进中激荡青春、在挑战中放飞梦想、在实践中增长本领，把报国之志转化为实际行动，把创新创业的理想追求融入党和国家的事业之中，以青春之我为强国建设民族复兴伟业贡献磅礴力量！

——北京联合大学学生在多项科创大赛中获奖

优胜杯！特等奖！新突破！

在刚刚闭幕的"青创北京"2023年"挑战杯"首都大学生课外学术科技作品竞赛中，北京联合大学14支项目进入各赛道决赛终审答辩，获特等奖3项，学校首次捧得竞赛优胜杯。

2023年，学校团委充分动员、积极备战，各学院团委协同推进，不断激发学生参与科创竞赛的积极性，全校共97个项目、500多名师生报名参与比

第五章　融合创新——开放包容的发展理念

赛。通过组织校内遴选、竞赛培训及专题辅导，在文本撰写、展示优化、模拟答辩等环节反复打磨、不断完善，最终，共有14件作品进入主体赛和专项赛道终审答辩，其中主体赛9件作品，"青砺基层"社会治理专项赛道3件作品，"青振京郊"乡村振兴专项赛道1件作品，"青学二十大"红色专项赛道1件作品。应用文理学院"青年力量赋能环境教育——'青园丝带'北京市公园志愿服务机制研究"、特殊教育学院"不由浮云遮望眼——新时期听障群体信息无障碍需求调查"获得主赛道特等奖；管理学院"怀柔板栗乡村下午茶开发及品牌打造"获得乡村振兴专项赛道特等奖。此外，获得主赛道一等奖2项、二等奖5项、三等奖6项；专项赛道一等奖4项、二等奖1项、三等奖12项。

智能汽车竞赛全国总决赛一等奖

北京联合大学机器人学院自动化专业学子参加第十七届全国大学生智能汽车竞赛，在张亚霄和李媛老师悉心指导下，张世圆、梁伟权、张鑫、季佳琪、许崇桂 5 位同学参加了百度智慧交通组赛项，在全国百余所高校参赛队中脱颖而出，斩获全国总决赛一等奖。

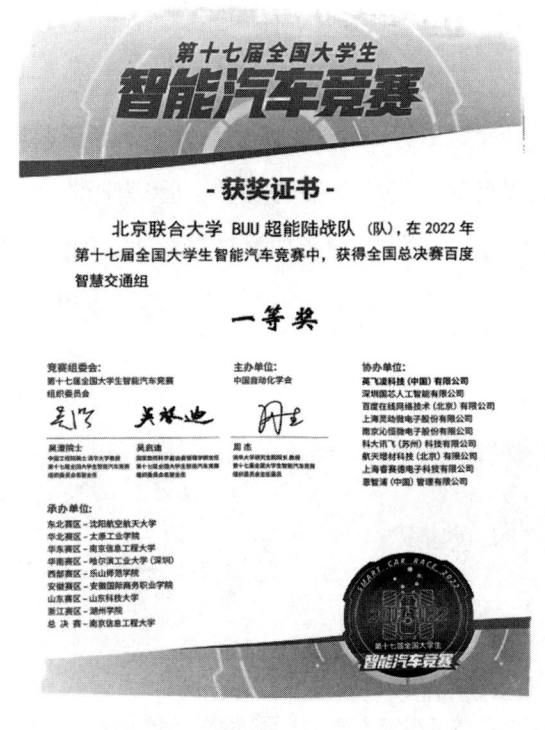

获奖证书

全国大学生智能汽车竞赛是教育部倡导的大学生科技 A 类竞赛，中国高等教育学会将其列为含金量最高的大学生竞赛之一。大赛以"立足培养、重在参与、鼓励探索、追求卓越"为指导思想，面向全国大学生开展具有探索性的工程实践活动，竞赛内容综合性强，涵盖了控制、模式识别、传感技术、电子、电气、计算机、机械、通信、汽车工程等多个学科知识，将深度学习技术赋予机器智能行为，契合人工智能时代发展特点，充分调动学生的创新、创造活力。

在长达半年的备赛期间，北京联合大学机器人学院参赛师生克服因疫情不能返校等种种困难,居家铺设场地、调试设备,积极通过线上方式沟通配合。同学们不断尝试,张亚霄和李媛两位老师耐心解决同学们遇到的问题,完善比赛方案,为同学们把好赛前每一关。在比赛期间,同学们团结协作,沉着冷静,以精益求精的精神和科学严谨的态度,挺进全国总决赛并斩获大赛一等奖。

参赛同学张世圆和梁伟权说,"感谢学校和学院给我们的成长机会,感谢两位老师对我们的指导和帮助。比赛结果固然重要,但是沿途的风景和奋斗的过程更值得留念。我们会继续努力,力争在未来的比赛中再创佳绩!"

兰台风采

——高校数字档案馆（室）建设论坛

在数字中国战略大背景下，档案事业正在不断升级转型，首都高校数字档案馆（室）建设也面临着机遇与挑战。论坛旨在通过调研交流，挖掘高校真实需要，发挥档案行业高科技企业的优势，校企深度融合，共同推进首都高校数字档案馆（室）高质量建设。

——高校数字档案馆（室）建设论坛在北京联合大学举行

为推动高校数字档案馆（室）建设，在2023年国际档案日到来之际，6月6日，由北京联合大学、北京第二外国语学院、首都体育学院共同发起，北京联合大学承办的高校数字档案馆（室）建设论坛在北京联合大学举行。中国档案学会理事长杨冬权、北京联合大学校长郭福出席。活动由副校长周彤、档案（校史）馆馆长姜素兰分别主持。

中国软件行业协会信息资源与档案大数据分会揭牌仪式

论坛活动现场,杨冬权、郭福共同为中国软件行业协会信息资源与档案大数据分会揭牌。郭福在致辞中欢迎首都档案精英齐聚北京联合大学,感谢中国档案学会、北京高教学会档案研究分会、兄弟高校档案同仁、档案行业科技企业等长期以来对我校档案工作给予的大力支持和指导,并向辛勤耕耘的档案人致以节日的问候。他表示,首都高校档案工作同志们瞄准信息技术发展前沿,积极探索智慧档案发展战略,主动将档案工作融入高校智慧校园建设,是打造档案工作新模式的积极尝试和有益探索。我们愿与兄弟高校档案同仁携手同行,与档案行业的科技企业合作共赢,不断加强数字档案馆(室)建设的理论研究和实践探索,为推进首都高校档案工作高质量发展贡献力量。

杨冬权作《建设智慧档案馆室是强档的必由之路》的专题报告。他从如何理解智慧档案馆室、为什么说建设智慧档案馆室是强档的必由之路、为什么智慧档案能够强档,怎样建设智慧档案馆室四大方面,全面深入地剖析了建设智慧档案馆(室)的重要性、紧迫性以及具体的实现路径、实施办法。报告既有理论高度、又紧密结合科技前沿、档案行业发展前沿,具有非常强的实操指导性。

联盟启动仪式

论坛现场，与会嘉宾、部分北京市属高校档案馆负责人代表共同启动北京市属部分高校数字档案馆（室）建设联盟。

论坛围绕高校数字档案馆（室）建设展开。北京第二外国语学院档案工作负责人王薇分享了部分北京市属高校数字档案馆（室）建设现状的调研情况，分析了高校数字档案馆（室）建设面临的共性问题、困惑与难点。五家档案行业科技企业从具体案例入手，结合高校数字档案馆（室）建设的需求和痛点，深入浅出进行分享。内容涉及高校业档一体化解决方案、智慧档案全产业链服务体系、科技赋能高校数字档案馆（室）建设、密码技术构筑可信校园数字化、高校学生档案数字化管理及应用等方面。首都体育学院档案工作负责人王雁主持交流互动环节，与会人员结合自身需求进行互动交流。

北京高教学会档案研究分会理事长、北京师范大学档案馆馆长杨桂明作总结发言。她表示，论坛活动为高校数字档案馆（室）建设搭建了良好的交流互动平台，高校档案同仁要善于运用前沿科技赋能档案业务工作，加强档案资源体系尤其是档案数字资源建设，通过学习互鉴，共同提升，扎实推进首都高校数字档案馆（室）的建设水平不断提升。

与会人员合影

在数字中国战略大背景下，档案事业正在不断升级转型，首都高校数字档案馆（室）建设也面临着机遇与挑战。论坛旨在通过调研交流，挖掘高校真实需要，发挥档案行业高科技企业的优势，校企深度融合，共同推进首都高校数字档案馆（室）高质量建设。

会议通过"线上+线下"相结合的形式举行，北京市高教学会档案工作分会会员单位档案工作者代表、北京高校档案同仁代表、部分院校专兼职档案员一百余人参加现场活动。线上直播通过北京联合大学直播平台和兰台之家视频号同步举行。线上线下总计有近百所高校近万名高校档案同仁同步观看。

青春感悟

——融合创新的发展观念

> 学校一直鼓励我们创新发展，推出了各类创新创业比赛，这些比赛需要不同专业的同学们一起合作，每位同学都能发挥专业特长，也正是因为这些比赛，让我感受到不同专业之间融合的价值。
> ——北京联合大学 2021 级地理信息科学专业学生刘雨露

随着社会的发展，创新能力也逐渐成为我们作为新一代青年所需要掌握的必备能力之一，培养高素质的创新型人才，成为时代的需要。今年是我在联合大学的第三年，在学校的三年的各种创新教育理念下，也让我感受颇多、受益良多。

大学第一年，我报名了学校的校选课，在北京学院路教学共同体的帮助下，让我们不只是报其他学院的选修课，也可以报名其他学校的选修课，这更加开阔了我的视野。所谓的学院路共同体是指由北京市教委有关领导积极倡导，北京航空航天大学和北京科技大学联合发起，各学校自愿的前提下成立的了学院路地区高校"教学共同体"，我们联大虽然主校区不在学院路，但考虑到让同学们开阔视野，也参与其中。共同体的出现，使得学校与学校之间有了联动创新，这不仅推动了各个高校之间的合作，也同样提高了我们学生的文化素质，让大家获得更优厚的教学资源配置，体验不同学校的学校氛围与环境，这对于我们学生的成长有很大的帮助。与不同学校、不同学院的学生在校选课上共同学习，让我们感受到不同专业、不同学校之间同学的不

第五章 融合创新——开放包容的发展理念

同魅力,尤其是能够学习到不同人的思维方式、理念方法,对我们的学习生活有了更多的启发。正是因为参与了校选课,让我结识到更多的朋友,掌握了更多的专业知识,让我的思路更加开阔。

大学第二年,我积极参与了学院内各系各专业之间的跨系合作。作为新闻学专业大一名学生,在课堂上学习摄影知识后,我在学长学姐的带领下参与了各类专业活动的视频录制工作,我终于在课下第一次近距离地接触到摄影,也终于意识到原来自己所学的摄影,不只是为了拍摄而拍摄,与各专业的合作让我的拍摄有了"具体的内容",从此之后我便对摄影产生了浓厚的兴趣。随后,我参与学生社团 ASTV 学生电视台,学习构图、摄影知识,拍摄的照片发到朋友圈也收获了很多人的点赞;在假期里我也积极地参与北京联合大学考古研究院为庆祝北京考古一百周年举办"北京出土服饰形象展示"活动,利用自己的所学知识,参与到活动当中。因为参与了各类合作创新的活动,激发我专业学习的兴趣,让我深知专业知识应用到祖国的各行各业中才能凸显价值;也让我更加自信更加开朗,我在摄影中找到了更多可能性的自己。

大学第三年,在专业实践的安排下,我去参观了各大有优秀的新媒体公司,让我对于自己的未来蓝图有了更清晰的规划。学校一直鼓励我们创新发展,推出了各类创新创业比赛,这些比赛需要不同专业的同学们一起合作,每位同学都能发挥专业特长,也正是因为这些比赛,让我感受到不同专业之间融合的价值。在这一年里,在学校的帮助下,我不仅走进了小米公司的大厅,听学长学姐们为我们介绍小米的发展史,我还进入了京东公司,体验了一把朝九晚五的上班族的日子;我不仅能有机会在课堂上与猫眼娱乐的总监提问,我还能有机会在课后听到学校的优秀学长分享自己创业的故事……这些都得益于学校与社会相接的融合发展。正是因为我的这些经历,让我对未来的事业有了更明确的规划,让我能够当代大学生的人生目标不是单纯的专业知识的奉献,而应该是专业学习融合之下的更大格局、更多可能,进而是更多的青春贡献。

  在学校的这几年，不仅让我学到了知识，也让培养了我各方面的创新融合意识。如今大学的生活即将过去，在回忆之余，也让我更加明白了自己作为新时代大学生的使命与担当。我将会努力成为一个有拼劲、有激情、有锐气，敢挑战的新青年。青年强则国强，青年立则国立，未来我将会继续保持前进的姿态，不断地学习不断地进步，作为一名新闻工作者，更好肩负起新时代新闻宣传的使命担当，全身心地投入新闻宣传事业，把对政治方向的深刻理解，把大学所学知识运用在宣传中，做党和人民信赖的新闻工作者。

青春感悟

——学校传递给我们的创新和包容

> 北京联合大学自建校以来,从最初的加强分校间融合,通过物理整合带动学科间融合,促进学专融合,同时注重加强校企融合,让同学们从学科融合中依托更多的平台、获取更多的专业内外知识;同时积极开展创新创业相关课程、组织相关科技创新比赛、开展各类创新培训,不断提高学生的创新意识和实践能力。
>
> ——北京联合大学2020级新闻学专业学生傅一霄

我们这一代大学生基本上都是在独生子女家庭成长起来的,这种成长环境使学生先天缺失合作、包容和团队意识,但当今社会极其强调人才的团队精神和协作能力。

我们新闻系的老师常常会鼓励我们参与院校甚至是国家级的各类创新比赛,在每一次制作参赛作品的过程中,老师们都从创新意识、创新方法上对我们进行细致的指导,我们的创新实践能力都能大大提升。例如,在明确参赛作品的方向和目标、寻找创新点时,我们往往需要从现实生活的需求解决痛点和难点,基于此,老师在教学指导过程中会常常"逼着"我们多读书、多看新闻、关注国家的大事和行业发展前景,然后培养自己独立思考的意识,并且能够合理结合一些课上学习过的新媒体技术把作品呈现出来。在参加各类创新创业比赛过程中,我开阔了视野,创新创业的意识得到了提升,沟通能力、表达能力得到加强,尤其是团队合作意识得到了锻炼。

除此之外，我校的一些实践教学也为培养我们学生的团队精神和协作能力提供了空间和平台。这不仅仅让我们学生锻炼了自身的能力，收获了相关的知识，而且对于响应国家创新创业活动的号召也取得了一定的成效，为将来的市场输送了一定的相关人才。

中国特色社会主义和谐社会是开放包容的社会，它需要社会中的每一位公民都应具有开放包容心态。学校的培育使我们在拥有扎实的专业技能的同时，又具备了开放包容心态的高素质。

开放包容心态来自多元化的环境熏陶，来自多元性的思想和行为模式中认识自己与他人的影响。"人创造环境，同样环境也创造人"在培育开放包容心态的过程中，北联大把"以学生为本"的教育思想理念贯穿到教学、服务、管理工作的各个环节，深入了解学生需求，关注学生发展，让每位大学生切实感受，学校的各项工作都在努力做到权为生所用、情为生所系、利为生所谋。学校的校园文化建设，营造出了心平气和、积极向上的和谐育人氛围；学生社团的作用和学生自身的积极性和主动性的充分发挥，丰富多彩的第二课堂活动和社会实践活动开展，为我们创造更多更好的自我表现、自我发展的舞台，鼓励了我们发展自己的兴趣爱好并获得满足，增强我们的主观幸福感体验；学校引导我们深入了解社会，认识百态人生，增强社会适应能力，理性对待并积极应对困难与挫折，从而以积极心态挖掘自身的潜力，发展自我和提升自我，增强开放包容度。让我对大学生活和未来社会充满了的美好憧憬，认识到让所有的人生活幸福是当代社会的主旋律。

对于每一个大学生来说，今后都要直接面对复杂变化的人和事，不可能每件事、每一项工作都符合自己的意愿并一帆风顺，现实要求我们必须以开放包容的心态进行工作。我们学校对大学生开放包容培育的强化，对人文精神养成教育的注重，让毕业的师哥师姐以及还在校的我们在大学学习期间学会了包容，善于设身处地理解他人，接纳他人的风格，包容别人的挑剔，包容多样多元意识形态，以海纳百川的开放包容心态要求和发展自己，让过去单纯以谋生存而发奋努力的我们，转变为怀抱崇高理想，为当今"中国梦"的实现而勤奋好学、掌握知识技能、服务社会、体现价值的"全面和谐发展"人才。

随着社会和科学技术的不断发展，学科之间不断交叉融合，已经成为大趋势。现代社会对大学生的各项能力的要求也越来越高，这也就要求大学新生们除了学好本专业知识外，还应多学习掌握一些专业以外、课本以外的相关知识，不断优化知识结构，这样才能不断提升自身的创新意识以及面对残酷的社会竞争的全面能力。北京联合大学自建校以来，从最初的加强分校间融合，通过物理整合带动学科间融合，促进学专融合，同时注重加强校企融合，让同学们从学科融合中依托更多的平台、获取更多的专业内外知识；同时积极开展创新创业相关课程、组织相关科技创新比赛、开展各类创新培训，不断提高学生的创新意识和实践能力。

结语

——改革创新，与时俱进

创新不是凭空臆造，它建立在知识的传播、转化和应用的基础之上，而这一切又深深扎根于教育的基础之上，无论是知识创新还是技术创新，均离不开教育对它的支撑。因此，全面提高创新意识和能力，首先应从教育创新入手，大力提倡和实施创新教育，突出当代学生创新精神的培养，真正培养出与时代潮流相适应的具有创新意识和创新能力的高素质人才，进而提高整个民族的创新水平，只有这样，才可能使我国顺利过渡到知识经济时代，缩短与发达国家在知识经济发展方面的差距。[①]

融合是指"几种不同的事物合成一体"，形成一种形式和内涵上你中有我、我中有你的整体，实现共同发展。从历史逻辑看，北京联合大学的建立是一个融合发展的过程，包括形式上的联合以及精神品质的构建、传承、发展。北京地区大学分校从本校继承和吸收的大学文化和精神特质，随着分校间的各种交流呈现出一种融合的态势。大学分校大学精神的构建也是一个不断吸收、交汇、创新、融合的过程。1985年大学分校的联合，将分校大学精神的交汇融合推向一个新的发展阶段。从现实逻辑看，学校与外部环境的融合符合阿什比的"遗传环境论"，是学校蓬勃发展的必然要求，也是学校响应所在城市的经济社会发展需求而与所在地方的行业、产业、企业主动融合，以服务城市发展和人民需求的重要使命，蕴含着开放、包容、多元的气质格局。"大学是所有社会机构中最保守的机构之一；同时它又是人类有史以来最

[①] 朱永新、杨树兵：《创新教育论纲》[J]．载《教育研究》1999年第8期，第8—15页。

第五章 融合创新——开放包容的发展理念

能促进社会变革的机构。"[14]大卫·休谟说过:"不变的物体必然不具备持续性。"十一届三中全会以来,在以邓小平同志为核心的党中央做出了把党和国家工作重心转移到经济建设上来,实行改革开放的历史性决策。大学分校的产生和发展,是对当时中国社会发展改革的一种呼应,是对首都各项事业改革发展的一份有力支撑。可以说,大学分校是改革的产物,改革的意识熔铸在大学分校的决策者、管理者、教师员工及学生的血液之中,改革的举措体现在大学分校从建立到发展的各个进程之中,改革精神也成为北京地区大学分校的一个大学精神特质和标签。"在深入一步的工作中,在改革中,在继续开拓进取中,要进一步解放思想,强调开创性,要有改革的勇气和魄力"[15]四十多年来,学校的成长为满足北京城市需求做出了重要贡献,北京城市建设也推动了北京联合大学的发展与创新。

新时代,中国高等教育发展进入新的历史节点。奥尔特加·加塞特说:"历史的创造,无论是在科学方面还是在政治方面,都源自某种普遍存在的精神状态,或者说是'时代精神'。"科学技术的突飞猛进,知识经济的出现,促使学校在科技和思想创新中发挥更大作用,需要学校面对新形势,不断改革创新,与时俱进。为适应北京产业调整,深化学科专业改革,学校以北京的产业需求为导向,突破传统的学科定式,整合学科和专业资源,大力促进多学科广泛交叉、深度融合。流水不腐,户枢不蠹,为提升学校教育教学品质,学校不断完善内部治理结构,构建有效管用的制度体系,落实"深化城教融合、校企合作""建设学习型城市"等要求,创新城教融合体制机制,强化科教融合、学专融合,深化校地融合、产教融合,对接产业、亲近行业、携手企业,推进学校战略决策和重要措施的落实,推动学校建设发展全方位融入首都发展和京津冀协同发展新格局。为落实立德树人根本任务,全面提高人才培养质量,深入探索更高水平的课程思政实践,全面提高育人水平和育人能力。为全面提高本科人才培养质量,深入落实OBE教育教学理念,建设适应型专业体系,加强专业内涵建设,深化人才培养模式改革,构建一流应用型课程体系等措施。北京联合大学是改革的产物，学校的发展是在实践、认识、再实践、再认识的过程中螺旋式上升的。联大深入骨髓的不断开放包容、融合发展、改革创新、与时俱进的时代精神，促使大学分校从无到有、从分散到联合、从联合到发展，也深深地熔铸在新的联大人的血液中，成为联大继往开来不断发展的动力和源泉。

第六章
求真务实
——科学严谨的治学态度

QIUZHENWUSHI

马克思指出："人们的观念、观点和概念，人们的意识，随着人们的生活条件、人们的社会关系、人们的社会存在的改变而改变。"① 这是求真务实基本观点的诠释。求真务实要求从事物的本质出发，相对应地说，求真务实的精神是避免被五光十色的表面现象所迷惑和愚弄。当面对一个看似复杂的问题时，需要由表及里透过现象看到本质，去粗取精探寻内在规律性，去伪存真科学地分析其内在本质。每当中国革命处于艰难的挫折时期，面临生死存亡的时候，只有秉持求真务实的态度，科学地实事求是，才能挽救党和革命的命运。究其原因，主要是在毛泽东的带领下中国共产党人善于理论与实践相结合，从令人扑朔迷离的现象中探索根源和提出本质，并能够始终坚持辩证地分析和思考。求真务实要求切实注重调查研究，一切从实践的学习、调查、分析和谈话入手，批评高谈阔论说假话，要求脚踏实地办实事，在实际调研中需要关注实际的问题，关注解决问题的方法，总结其中的经验教训，不是空话连篇地攀附交谈。毛泽东说："没有调查，就没有发言权"②，事实上，从主观存在的问题中找解决实际问题的答案，其结果仍然是主观唯心的，就算是解决了问题，也只是唯心地大放厥词，因为连客观的问题都不存在，又如何有问题的答案呢，反而使问题变成更加复杂的问题。毛泽东有的放矢地指出，为了解决这种现象的存在就是坚定不移地进行调查研究，因为，"调查就是解决问题。"③ 只有调查得仔细，才能了解问题的前因后果，才得以"对症下药"，否则在答复问题时不能言简意赅地总结或不能有的放矢地解决，缺乏指向性。求真务实提倡追求真实的态度，不仅强调在实事上"求真"，而且注重求是在"务实"中。强调实事"求真"就是要求一切从实际出发，深入调查实践活动，强调求是"务实"，就要做到理论联系实际，以理论指导行

---

① 参见中共中央马克思恩格斯列宁斯大林著作编译局：《马克思恩格斯选集》，第1卷[M]. 北京：人民出版社2012年版，第420页。
② 参见《毛泽东选集》：第1卷[M]. 北京：人民出版社2005年版，第109页。
③ 参见《毛泽东选集》：第1卷[M]. 北京：人民出版社2005年版，第110页。

第六章 求真务实——科学严谨的治学态度

动,研究问题、解决问题并且总结问题。毛泽东曾经讲过:"假如只是口头上讲联系,行动上却不实行联系,那么,讲一百年也是徒劳无功的。"①"对待马克思主义理论,要能够精通它、应用它,精通的目的全在于应用。"② 毛泽东思想、邓小平理论"三个代表"重要思想、科学发展观、习近平新时代中国特色社会主义思想,这一系列的马克思主义中国化时代化的理论成果是对中国不同时期的社会主义革命、建设、改革所面临的不同形势和不同问题的理论认知和现实回应,并随着不同时期社会主义革命、建设、改革的不断深入日臻完善,形成了解决中国现实问题的中国方案。

"求真务实"是坚持马克思主义科学世界观和方法论的本质要求,是我们党的思想路线的固有特征,是每个共产党人的政治品格,是我们党的一以贯之的优良传统和作风,是党的各项事业不断取得新胜利的根本保证。以培育社会主义现代化建设者和接班人为使命的高校自然也应秉承求真务实的治学态度。校史故事的编研也应坚持求真务实的科学态度,尊重思想政治工作规律,尊重学生成长规律,以求育人实效性。

---

① 参见《毛泽东选集》:第3卷 [M]. 北京:人民出版社2003年版,第820页。
② 参见《毛泽东选集》:第3卷 [M]. 北京:人民出版社2003年版,第815页。

他山之石

——在改革开放前沿探索人才高质量培养之路

> 总结广东之行，楚国清说道：我们为什么要来到这里？答案越走越清晰。我们要推动事业高质量发展，首先要解放思想，进行理念的改革。这里是改革开放的前沿，我们需要在这里得到启发，在推动学校高质量发展征程中，尽力再做些事！
>
> ——北京联合大学党委书记楚国清率队赴广东调研

如何增强教育的历史主动、区域主动和联结主动，把握科技变革为教育带来的发展机遇，打造交叉融通的人才培养体系，协同培养复合型创新人才？带着这个问题，2023年5月中旬，校党委书记楚国清率队赴广东调研。

此行的调研主题为"以'大思政课'为抓手 提升人才培养质量"。调研团就建设"大课堂"、搭建"大平台"、建好"大师资"，深入广东取经高校对标先进，在中国改革开放前沿汲取开辟新赛道的精神食粮，寻求推进学校高质量发展之道。

在深具红色基因的"985工程""双一流"建设高校华南理工大学，楚国清一行重点调研了该校"三位一体"推进教育、科技、人才国家战略的相关经验和成效。从华南理工大学的"初心"校史馆，到发光材料与器件国家重点实验室、华南软物质科学与技术高等研究院等，北京联合大学一行沉浸式感受该校的红色初心，深入了解华南理工大学在工程报国、科技强国中所做的探索和贡献及人才培养之道。

第六章　求真务实——科学严谨的治学态度

北京联合大学党委书记楚国清率队赴广东调研

座谈交流时，华南理工大学校长张立群从学校传承百年的红色基因讲起，介绍了学校历史脉络与办学现状。他表示，地处粤港澳大湾区的华南理工大学有着"融入发展促发展"的鲜明特点，在服务国家和区域经济社会发展过程中，不仅培养出了 57 万以院士和知名企业家为代表的优秀校友，被誉为"企业家的摇篮""新能源汽车界黄埔军校"，学校自身实力更是不断提升，驶入发展快车道。未来，学校将以"双一流"建设和广州国际校区建设为"双引擎"，坚定不移地建设中国特色、世界一流大学。

"华工不仅培养了大量优秀人才，对区域的社会贡献度也值得我们学习。"楚国清表示，北京联合大学的前身是 1978 年北京市依靠北京大学、清华大学、中国人民大学等创办的 36 所大学分校，为普及高等教育而生，每 100 个北京的大学毕业生中就有一个联大培养的学生。此次前来改革开放前沿阵地的多所高校进行调研，对学校有着特别的意义。他介绍了学校当前的学科建设和招生培养等特色，希望通过调研交流推动学校办学特别是人才培养水平的提升，"让一所年轻的大学取得快步发展"。

调研团一行来到"双一流""211 工程"建设高校华南师范大学，着重了解该校推进"大思政课"建设的顶层设计和具体做法及成效。华师一校三地四校区，立足广东辐射全国，培养了近七成澳门中小幼教师，推动大湾区社会教育的发展。调研团参观了华南师范大学马克思主义学院、党员学习空间、岭南文化印象展、智慧学习空间，了解该校数字赋能党建、以文化和环境育人等"三全育人"的做法和成效。

北京联合大学党委书记楚国清率队赴华南师范大学调研

华南师范大学党委书记王斌伟热情欢迎楚国清等调研团一行，希望两校加强交流合作。党委副书记王岩全面介绍了学校的办校历程、学科建设、党建工作等情况，交流了宣传工作要"站得高、立得住、想得深"的工作经验。党委常委、宣传统战部部长陈正宏详细介绍了学校以"五德"工程系统推进学校"大思政课"建设的成效。马克思主义学院党委书记周宪深入介绍了学院作为"全国重点马克思主义学院"取得的成果，和用"三个突破"发挥关键课程引领作用，推进"大思政课"建设的探索。

楚国清重点介绍了北京联合大学办学历程，大力促进学科交叉打造文博考古、软件工程等全国先进学科专业的做法，交流了联大在推进"大思政课"建设、深化课程思政的相关做法。他表示，北京联合大学要进一步深化内涵建设，把从先进高校中学习到的好做法好经验带回去，"让学生享受到高质量的教育"。

"现代大学要走出校园，回应时代，在服务国家及区域发展的过程中培养人才。"双方在交流北京、广东两地学生如何利用课余时间时，楚国清谈到，

"学校最大的成果是把学生培养好。要培养好学生的创新创造力,要让学生有选择的时空,去发展自己的兴趣。"

"如果信念有颜色,那一定是中国红!""没有退路就是胜利之路!"在华为松山湖基地,一进园区,处处可见的环境布置让调研团感受到了浓厚的华为精神和爱国情怀。中心的艺术长廊、图书馆、纪念碑让调研团深度理解了华为的全球视野,和扎根中华优秀传统文化讲好中国故事的民族自豪。在华为员工培训中心,楚国清在听完相关人员介绍后,驻足良久,与随行人员一起深入分析企业人才需求及培养机制。

谈及华为与大国竞争的前事,楚国清认为,要学习华为精神,以后我们要问学生,"这是你的国家,你能为国家做些什么?"调研团还参观了数字机器人实验室,观看了数字机器人演示和 XR 演示等。"华为需要具备什么品质的员工?""联大也在开展数字机器人相关的研究,已经对接上了?""怎样用信息化办公提高学校效率。"调研团一行在数字发展的前沿,了解教育数字化趋势,探索用数字助力教育高质量发展。

广东不仅是创新前沿,还在中国近现代史上占有重要地位,红色文化资源丰富。总结广东之行,楚国清说道:"我们为什么要来到这里?答案越走越清晰。我们要推动事业高质量发展,首先要解放思想,进行理念的改革。这里是改革开放的前沿,我们需要在这里得到启发,在推动学校高质量发展征程中,尽力再做些事!"

调研团学思悟践,探索挖掘此间的育人元素,思考此行中的育人收获。

"此次调研为我们开辟新赛道提供了精神食粮。"楚国清总结道,"'大思政课'不仅仅是把思政课做大。我们要用'大思政课'的理念开好每一节课,要把它纳入育人体系中。这是对各种课程的要求,也是对培养人的要求。"

特教培养的摇篮

——在学生心里种下一颗热爱的种子

> 北京基础教育阶段共19所特教学校,"特教学校的专业老师80%来自联大特教学院特教系。这里肩负着为首都基础教育培养特殊教育人才的重任,可以说是北京特教培养的'摇篮'。"
>
> ——北京联合大学特殊教育学特殊教育专业侧记

2022年9月13日,曹德馨将前往北京一小学开始为期三个月的实习,在这次实习中,他将专注于了解有学习障碍的小学生。

曹德馨是北京联合大学特殊教育学院特殊教育专业的一名大四学生。从踏入特殊教育的大门,到即将离开北京目前唯一一个承担基础特殊教育师资培养的大学,曹德馨内心日益坚定:每个有特殊需求的孩子都有平等的受教育的权利,"当你真真正正地了解他们之后,就会发自内心地觉得,付出再多都是值得的。"

自1991年设立开始,特教系平均每年为北京市培养约40名特教老师,至今已培养千余人,他们遍布北京市的特殊教育学校和接收随班就读学生的普通学校。

北京市特殊教育研究指导中心主任孙颖表示,北京基础教育阶段共19所特教学校,"特教学校的专业老师80%来自联大特教学院特教系。这里肩负着为首都基础教育培养特殊教育人才的重任,可以说是北京特教培养的'摇篮'。"

第六章 求真务实——科学严谨的治学态度

北京联合大学特教学院的毕业生进入普通学校，为有特殊需求的学生提供支持

课程设置始于情感、成于专业

特殊教育导论、行为矫正、孤独症儿童教育、教育心理学、儿童心理学……时隔17年，该校2005届毕业生、北京市石景山区培智学校校长张洁依然记得大学期间的部分课程，正是这一门门课程，让张洁和特教系的学生们逐渐掌握一名特教老师的所有技能。

特教专业负责人刘颂告诉记者，根据教育部的规定，针对师范生有必开的课程，比如心理学、教育学等等，同时针对特殊教育领域，在课程设置上有很多专业课程，其中最基础的课程就是《特殊教育导论》。"这门课通俗来说就是告诉学生特殊教育专业的过去、现在与未来，讲述特殊教育基础概念、特教历史、国内外的特教制度和体系、特殊学生的类型等。"刘颂表示，这门课可以为学生认识人类的多样性从而尊重和接纳特殊学生打下很好的情感基础，"我们不是单纯进行知识讲授，我们更倾向于学生能有对特殊教育的情感认同，然后唤起学生的特殊教育使命感，在自己的能力范围之内，最大限度地帮助这群特殊学生，看到他们的价值，帮助他们最大可能发展。"

打下情感基础的同时，更多的专业课程为学生夯实基础。心理学、教育学、特殊教育导论、特殊儿童诊断与评估、特殊儿童早期干预、随班就读儿童教育、情绪行为障碍儿童教育、孤独症儿童教育、智力障碍儿童教育、个别化教育计划、行为改变技术、运动治疗、游戏治疗……在联大特殊教育学院公布的2022年特殊教育（师范）专业的介绍上，大学四年开设的专业课程非常丰富。

刘颂表示，学生在校期间，前两年以通识类课程为主，第三年开始专业类课程不断增多，第四年校内课程减少，给学生留出充足的时间进行教育实践。

与此同时，特教系也在不断探索"课程思政"，聚焦特殊教育师范生的特教情怀和专业情怀，从大一到大四螺旋递进开展专业教育活动内容，专业教师、辅导员、校外专家形成多方合力共同育人，初步形成全员、全过程、全方位育人框架。

作为为北京市培养特殊教育师资的主责高校，北京联大特教学院特教系的课程设置也随着北京特教事业的发展不断丰富。北京是全国最早推进融合教育的地方，早在1997年就试点在普通学校建设资源教室。此后，2013年，北京在全国率先出台了《北京市中小学融合教育行动计划》，越来越多的普通中小学校对特殊学生打开了大门。这也意味着，普通学校对特教师资的需求越来越多。

"这也要求学校在培养特教师资方面做调整，回应社会的需求，老师不仅要有特殊教育专业知识，还要有一定的学科教学能力。"孙颖说到，北京联大此前多为特教学校培养师资，而今则必须不断调整。"我们的学生到普通学校之后要提供特殊教育方面的支持，比如给特殊学生个别化辅导，比如给随班就读学生所在班的班主任老师，给予教学、班级管理方面的支持。"刘颂介绍，在此背景下，特教系不断优化课程，增加适应融合教育的新内容；在实习环节增加学生在普通学校实习的机会。

刘颂告诉记者，毕业生进入普通学校工作，既有承担随班就读教学工作的，又有兼职或专职担任资源教师的，"我们的毕业生进入普通班级，班里如果有特殊孩子，我们的毕业生可以理解孩子并给予孩子特教专业知识支持，可以说，我们毕业生所教的班级是具有人文关怀的。"

言传身教，让学生在指导中获得知识

初秋的北京天空湛蓝，坐落于南二环路玉蜓桥畔的北京联大特殊教育学院迎来了特教系2022级学生。四年后，他们或许将成为北京中小学校的一名特教老师。从初入校园的新生，到走上讲台的特教老师，其中离不开北京联大老师们课堂内外的言传身教。

曹德馨还记得特教系教授王梅在《孤独症儿童教育》中讲授个别化教育计划的场景。个别化教育计划是指为接受特殊教育的每一位残疾学生而制定的适应其个人发展需要的教育方案，内容包括学生达到的教育水平的说明、能达到的短期目标和年终目标以及以一年为周期的评估目标、评估办法及评估日程表等等。

当时正处于大三上学期见习期的学生们被老师要求，找到一名特殊学生，认真观察记录，并为其制定个别化教育计划。"我记得这门课是周二，周三就是要去学校见习的日子。"曹德馨找到了一名孤独症女生，"主要是有一些情绪不良的问题，言语发育上有些迟缓，发音也比较单一，能认识的字词和能说出来的字词比较少。"

制定个别化教育计划后，曹德馨还要跟进课程实施的效果、观察是否达到预期目标。"后来发现我们因为没有真的带过特殊学生，不了解学生能力的发展速度应该是什么样的，总是达不到预定的目标。"曹德馨和同学们的"疑惑"在王梅老师的课堂上得到了解答：孤独症儿童的特点是个体差异比较大，在学习上会比普通学生慢一些，在制定教育短期目标时不能急于求成，为了看到效果而将目标定得太高，这样会失去目标制定的意义。

"基本上每周都会跟老师汇报，然后王梅老师就给我们每个人分析指导，共性问题会在课堂上集中讲。"在曹德馨看来,"理论+实践"和"手把手"的教授方式,让自己慢慢具备了专业的技能,"王老师真的超级认真负责,特别用心。我在理论方面其实学得不太好,但王老师从来不会因为我学得不好或者对理论不感兴趣,就不管我,而是每一次都督促我学习。"

用心育人的王梅老师、讲课风趣幽默的刘全礼老师、认真负责的张旭老师……曹德馨喜欢的教师名单可以列出一长串。

专业教师在第一课堂为学生带来专业知识之外,特教系也在努力打造"第二课堂",如安排学生前去小学对学习困难学生开展陪伴阅读、聘请退休的资深教师或专家进校指导。

"比如我们培养的特教师资无论进入特殊学校还是普通学校,针对说课、讲课、板书等教师基本教学能力,我们都会请一线的资深教师进校为学生们讲解。"刘颂告诉记者,学生进校实习时也会专门聘请指导老师"带徒弟",在实际工作中给予更多指导。

从大一到大四,"全过程"实践让学生走入一线

曹德馨还记得自己第一次走进特殊教育学校的场景:上课时,自己坐在教室后排,观察并记录学生的状况,没想到学生在课堂上突然站起来大喊大叫。彼时,对特教老师应该如何处理这种情况,曹德馨还没有明确的认识,他的心里一阵慌乱,"情绪激动的时候,这些特殊的学生可能会有一些过激行为。等我当老师的时候,不会有这样的学生打我吧。"

这样的担忧在一次又一次的见习中逐渐淡化了。为了让学生们能够把日常课本中学习到的理论知识和一线的教学实践结合起来,将其锻造成优秀的特教老师,联大实行"全过程"的人才培养模式,从大一至大四,几乎每学期都有一定的实践课时安排,让学生走进特殊教育学校或者普通学校实践。大一专注于教师的书写技能培养,锻炼基本功;大二开始进入学校进行教育见习,普通学校与特殊学校每学期1-2周或者分散为整个学期里每周一天;

大四上学期要在学校进行为期 12 周的实习……

"作为未来的特教老师,学生们必须在大学期间能持续不断地接触一线实践,包括我们的毕业论文也要求必须面向实践中的真实问题进行。"刘颂说,相关的实践都有课时和学分的要求,属于必修课,"修满学分才能毕业。有时候是分散见习,有时候是集中见习,这样的设计一直在延续。"

曹德馨已记不清自己过去三年已经有过多少次进校的经历,但他知道,学校在安排每一次实习时的侧重点都不同。"最开始我们是不能接触学生的,只是在老师讲课的时候坐在后面观察学生。"曹德馨告诉记者,此后实习中,他和同学们还为特殊儿童制定过个别教学计划、制定教案、撰写听课记录、为孩子正式讲课等等,"这次要去的学校是一个普通学校,我们关注的重点主要是有学习障碍的孩子。"

在曹德馨看来,正是这些一线实践让自己越来越了解这群特殊的孩子,"比如孤独症儿童,个体差异很大,现在看到孤独症的孩子,我大体能知道是哪一种类型、估摸出孩子的能力水平,这些在课堂上是学不到的,对我的帮助很大。"

残健融合,浸润式引导学生投身特教事业

时隔多年,张洁依旧对在特教学院求学的时光印象深刻。

自 2005 年毕业至今,张洁始终在特殊教育领域默默坚持,并从一名普通的特教老师走到了管理岗位,成为石景山区培智学校校长。在张洁看来,"联大是一个包容性很强的大学,一直坚持的是残健融合的环境。就是在这样的环境中,受到学校老师的影响,学生们才更容易和特殊学生融合、共同成长。"

张洁还记得初到学校时的不适应,在很安静的场所时,会有听障学生边打手语边发出一些声音,"确实是需要一个适应的过程,但就是在这个适应的过程中,会潜移默化地受到影响,以后作为特教老师,也能更公平地对待每

一个特殊的孩子。"

曹德馨也十分感慨,"我觉得他们在生活上有时候会遇到困难,比如视障生刚进来的时候找不到洗手池或者卫生间的位置,那我们就多提供帮助。但他们同样也会给我们帮助。"

习惯了在北京联大特教学院的生活,也习惯了老师们对待身边特殊学生的态度,曹德馨觉得,自己在接触特殊学生时,包容度会更高,对人对事的看法也有了很大的改变,"可能还是残健融合的校园环境、老师们的教导,改变了我。"

2019年5月17日,北京联合大学特教学院报告厅,特教专业的学生用分享叙事情景剧、展示叙事音乐剧等方式分享自己对特殊儿童的感受

"保证每一名孩子受教育的权利。"这是特教老师们在教育未来的特教老师时,反复提及的一句话,也是每一名特教老师的使命。

"我们培养的老师,他们未来要教的学生可能简单的计算或者识字,都需要重复很多遍。可能特教老师付出了各种努力,但是看不到孩子的显著进步,甚至孩子的行为有时还会倒退。这对特教老师的自我效能感提出了很大的挑战；这需要特教教师更加主动去学习、思考和调整教育教学，如何给予特殊学生更具有针对性的脚手架和支持，从孩子的点滴进步中获得特教教师的专业成长。"刘颂曾说到这样一个现实挑战。

这也意味着，对学生们而言，保有对特教的热爱方能在面临这些挑战时坚持前行。值得庆幸的是，学生们在校期间就已种下热爱特教事业的种子，并义无反顾地走上特殊教育的道路。

教师风采

——打造新工科数学"金课"

> 他认为数学最难学的就是定义,一个又一个定义的简单灌输,势必引起学生的抵触,所以教师要讲清楚定义之间的内在关联和内核,也就是概念的"前世",帮助学生理清知识点产生的来龙去脉。
>
> ——北京联合大学数理部教授玄祖兴

黑板上写着复杂的抽象公式和习题,枯燥难懂的理论让学生们听得昏昏欲睡,这是很多人印象中的数学课堂。而北京联合大学数理与交叉科学研究院院长玄祖兴的课堂却充满欢声笑语,赢得学生的超高评价。他是如何把晦涩乏味的数学课讲得妙趣横生,并带领学生勇夺学科竞赛大奖的?

深入浅出讲透概念的"前世今生"

2006年,玄祖兴走进北京联合大学,传承了父亲的教书事业。他清楚数学课让很多学生望而生畏,就想方设法要改变这一局面。

记者第一次见到他,是在联大2017年举办的青年教师教学基本功比赛校内选拔赛上。在短短20分钟内,他把计算条件概率的贝叶斯公式讲得深入浅出,运用大量鲜活事例拉近与学生的距离,整节课如行云流水般生动顺畅,即便是文科生也能听懂其中的含义。他因此获得选拔赛第一名,被推荐参加了北京市高校第十届青教赛,又一举夺得理工类一等奖,以及"最佳演示奖""最佳教案奖"两个单项奖。

第六章 求真务实——科学严谨的治学态度

玄祖兴的获奖教案可不是灵光一现，而是他在日常课堂上的一个缩影。他认为数学最难学的就是定义，一个又一个定义的简单灌输，势必引起学生的抵触，所以教师要讲清楚定义之间的内在关联和内核，也就是概念的"前世"，帮助学生理清知识点产生的来龙去脉。同时，他力求让学生了解数学在国计民生中扮演的角色，即概念的"今生"，用当前事例回应历史，佐证知识点的实际应用价值，以此调动起学生的学习兴趣，埋下求知的种子。

比如上概率课时，玄祖兴先抛出一个话题："买彩票是否能一夜暴富？"本来低头的学生们听到后齐刷刷地抬头，看到大家好奇的眼神，他不慌不忙地选取辽宁福利彩票为例，用数学建模方法展开论证，让学生计算得出结论：获得一等奖的概率仅为 $0.149×10-6$，也就是 2000 万彩民里约有 3 个一等奖获奖者，中奖"难于上青天"，有人投入上百万照样颗粒无收。看到大家失望的表情，他说道，"既然中奖概率这么小，是不是就不要买彩票了？其实可以换个角度看。"他告诉学生们应该用"劳动创造幸福，不要空想一夜暴富"，由此巧妙地融入思政理念。随后他拿出一张彩票展示，让学生了解彩票的性质，彩民花的钱中一部分将贡献给中国福利和公益事业，在讲述数学知识的同时宣传了国家政策，学生听得兴趣盎然。

"现在的手机上充斥着海量资讯，数学符号又比较枯燥，要拢住学生，教师必须在课堂上'刺激'学生去动脑筋。"在多年的一线教学中，玄祖兴形成了把知识点的"前世今生"讲述透彻这一独特的教学风格。而要做到这一点，就需要教师重构教学体系，分析清楚知识点的来龙去脉，引入时代热点，用科研反哺教学。比如，讲数学的"极限"，他在"前世"部分引用了《庄子·天下篇》的名句"一尺之棰，日取其半，万世不竭"，魏晋时期数学家刘徽的"割圆术"以及国外的相关定义，跨越整个历史长河，深刻厚重；在"今生"部分，他介绍了中科院院士彭实戈的相关理论获得 2020 未来科学大奖，让学生知道"极限"在当代依然发挥着重要作用。讲到"正态分布"概念时，他会介绍其在高考志愿填报、体检化验值中的运用，把枯燥的概念生活化，加深学生的理解。

为了充分展示数学概念在历史进程中的发展演化，玄祖兴在备课时下了大功夫，不仅把教材反复"吃透"，找来所有与知识点相关的数学史书、科研论文等书刊研读，还和团队成员共同研讨，分享思路，取长补短。为了撰写《矩阵分析》一书，他从网上购买了44本中外专业著作进行细致研究，堪称痴迷。2021年，该书由科学出版社出版，反响较好。

学生评价听他的课"不枉此生"

玄祖兴带来的生动课堂，对学生们掌握知识是否真的有效呢？随手翻开近年来学校开展的教师期末评价表，不同学科的学生对他的反馈出奇地一致，对数学课不再畏难如虎，甚至有人说听他的课"不枉此生"。"玄老师是一位特别有意思的老师，上学时我超级喜欢上他的课。""玄老师循循善诱，调动学生的积极性，课堂气氛活跃，让我对线性代数产生浓厚兴趣，我开始喜欢上线性代数的奇妙世界。""这一学期的课程让我受益匪浅，期待下一次的讲授。"……

玄祖兴不仅在课堂教学方面大幅改革，还进一步发挥学科竞赛平台作用，激发学生学习数学的热情，成绩令人惊艳。作为全校数学类学科竞赛总负责人，2015-2020年，他指导学生连续6年获得全国研究生数学建模竞赛三等奖，2017年指导学生获得第五届"泰迪杯"全国数据挖掘挑战赛二等奖，2019年指导学生获得美国大学生数学建模竞赛和北京大学生数学建模与计算机应用竞赛二等奖等。

玄祖兴的工作赢得校内外同行的认可，所率团队获评2020年北联大优秀本科育人团队；他多次受邀到北京师范大学、北京航空航天大学、中央财经大学、对外经济贸易大学、山东大学等近40所京内外高校报告交流受到好评。2018年，他被评为"北京市师德先锋"；2019年，他又获得"北京市高等学校青年教师名师奖"，并被评为北京市"高创计划"青年拔尖人才。

第六章 求真务实——科学严谨的治学态度

指导学生夺得国际数学竞赛大奖

在带领学生获得的诸多奖项中，最让玄祖兴自豪的一次发生在2020年5月，由他指导的参赛队伍斩获2020年美国大学生数学建模竞赛国际Finalist大奖，该奖项在全球的获奖率仅为1.3%，这是北联大建校以来首次获得该奖项。

美国大学生数学建模竞赛是世界范围内最具影响力的数学建模竞赛，要求参赛者不仅具备数学建模知识和能力，而且要有较强的英文写作科学论文能力，极大考验了参赛者的综合素质。

本届比赛吸引了全球超过2万支队伍参赛，北联大由机器人学院的万志杰、史学超和管理学院的苏智媛组队，能够与哈佛大学、麻省理工学院、清华大学、北京大学等国内外知名高校同场竞技，他们可谓"初生牛犊不怕虎"。

检索文献、搭建模型、撰写文档……玄祖兴在赛前事无巨细地指导参赛学生，还告诉他们建模竞赛不用大量刷题，因为试题是开放的，答案不唯一，重在掌握方法。因为赶上疫情，备战初期有选手出现思想波动，想打退堂鼓，他发现后第一时间做思想工作，告诉他们比赛是人生价值追求的历练，不要把注意力偏到比赛结果上，应该用比赛来检验学习水平，结交朋友。玄祖兴帮助学生调整好心态，同时补齐知识短板，一点点树立起强大的信心。

"玄教授是一位很有水平的老师，他指导团队在比赛前对主要模型和算法进行学习、整理与归纳，带领我们深入研究历届优秀论文，博采众长为己所用，还反复跟我们强调学术诚信的重要性。"得到他的精心指导，半路加入的苏智媛进步飞速，成功完成竞赛。

玄祖兴有一个梦想，那就是不断适应学科改革需求，努力打造新工科数学"金课"。在他和团队的共同努力下，这种讲透数学概念"前世今生"的授课模式已在《高等数学》《线性代数》《概率论与数理统计》等三大课程全模块中铺开。2020年,在学校的支持下,他成立数理与交叉科学研究院,进一步探索数学与其他学科的交叉关系。心中有梦,眼中有光,脚下有路,他的梦想,正在一步步变成现实。

教师风采

——三尺讲台写芳华，一片丹心育新人

"我们将围绕思想政治理论课教学有效性这一主线，进一步加强思政课程与课程思政相结合，与学生专业相融合，在教学中融入北京元素、突出北京特色，使问题导入式专题教学更富活力和实效。"

——北京联合大学马克思主义学院教授贾少英

贾少英从事高校教育教学与研究工作至今已有29年，曾主持完成了重大教研课题5项，参与国家级、省部级、校级教学研究项目10余项，最终都转化为教育生产力，运用到教学之中。三尺讲台伴她由青涩到成熟，从芳华至两鬓染霜，是她一往情深始终不变的事业根据地。贾少英用她独特、有效的教学风格，在教学的路上取得了良好的效果。并且在"教案"、"多媒体课件"、"教学案例"的研究制作等方面，于北京市和全国同领域内都走到了前列。贾少英始终坚持着教学模式和方法的改革创新，始终行走在教学第一线。一番番春秋冬夏，一场场酸甜苦辣，沉淀了流金岁月，焕发出灿烂芳华。

任重道远

作为一名长期在教学第一线主讲本、专科"思想道德修养与法律基础"等课程的公共基础课教师，贾少英对自己被赋予的使命与职责有清醒的认识。不论这门课程受到的关注如何，她始终认为非常重要，因为这是直接影响学生思想水平、政治觉悟、道德品质的课程，讲得好坏将对培养社会主义建设

者和接班人产生最为直接的作用。帮助学生学习和掌握马克思主义的立场、观点和方法,让他们在理解运用中逐步认识和接受马克思主义,养成科学思想方法,是她对于自己授课的目标要求。

基于这种育人的自觉,在教学过程中,她坚持理论研究与实践创新相结合,重视教学内容的更新和教学方式方法的改革与创新。她运用深厚的学术功底和较高的政治理论水平,深入开展教育教学研究、科学研究,不断助力教育教学。她热爱学生,关心学生全面成长,积极指导学生社会实践,注重培养学生健康人格、学习能力、实践能力、创新能力。2017年是"高校思想政治理论课教学质量年",教育部社科中心主任王炳林教授听取了贾少英老师的课堂教学,给予了充分肯定和高度评价。贾老师敬业精神强、师德高尚深受师生爱戴,2013年11月15日《北京联合大学报》在"我爱我师"做了专门报道。

因材施教

在教学过程中,贾少英树立了"和谐教育"和"以学生为本"的教学理念,注重以学生为中心,调动学生学习的主动性,实现了师生双向互动的和谐,提高了教学的针对性、实效性。她注重因材施教,积极开展教学法改革,能够科学、有效地采用启发式、探究式、案例式等教学方法,综合运用现代教育技术和自制的多媒体课件开展教学活动,使各种教学方法优势互补、形成合力,促进学生的积极思维,给学生以深刻的创新熏陶,并注重引导学生自主学习。

她不是单纯的遵循教材的内容,死板的讲授书本上的知识,而是一方面遵循全国统编教材的内容体系,另一方面通过教学设计,实现了对教材内容的合理超越,使教材体系转化为教学体系,体现了教学的特色和创新,对同类课程建设具有借鉴作用。通过精心的教学设计,让学生享受课堂、学在课堂。甚至连教案组的专家也对她的教案有着高度的评价,认为她的教案:"对

第六章 求真务实——科学严谨的治学态度

上课现场

教学过程诸要素之间的逻辑结构和教学活动运行的逻辑流程进行了整体设计，形成了可操作的样式，在准确把握教材内容的基础上实现了对教材内容的合理超越，注意了课程内容的可理解性和学生的接受程度，是一份优秀教案。""教案制作精良，手段先进；教学内容丰富，案例生动；教学总结点评，小结有深度，符合实际。""具有较好的示范性和推广性。"贾少英用饱含个人风格的教案与教学，合理地将课程中难懂的内容转化为生动形象的话语传递给学生，这些无一不为她的课堂增加了不少的魅力。

与时俱进

为了满足信息技术时代学生对丰富课堂教学方式与手段的需求，贾少英不敢有坐享其成的丝毫懈怠，不断加强理论与技术的学习，与时代同步，与新思想新技术同行。

贾少英能够熟练使用多媒体课件，能够较好地利用现代化教学手段开发教学资源，进行教学资源库建设。运用计算机技术、多媒体技术展现教学内容和教学资料，模拟教学情境，将音频、视频、图形、图表、文字等各种信息综合运用开展教学活动。"教案"、"多媒体课件"、"教学案例"的研究制作等方面，在北京市和全国同领域内走到了前列。2013年被教育部社科司增选为高校思想政治理论课程网站共建团队（全国共有51个高校的团队）主持北京联合大学团队的网站建设任务，目前全国资源之星排名第三。在教学模式和方法的改革与创新等方面，取得突出成绩，做出重要贡献。

作为主要成员，贾少英参与了教学方法改革"思政课问题导入式专题教学探索与实践"。着眼于提高思想政治理论课的教育实效，开展了问题导入式专题教学改革。经过三轮全校性教学实践，初步摸索出一条思想政治理论课教育教学的新路子。问题导入式专题教学的目标直指学生科学思想方法的养成，即帮助学生运用马克思主义的立场、观点和方法认识问题、分析问题、解决问题。其内涵包括，以问题导入展开教学，引发学生思考；以专题教学组织课堂，展现理论魅力；以育人为本组织内容，实现教学目标。通过凝练教学专题、编写课程教案、创新讲授方法，构建课堂讲授体系；在课程改革中设置了包括"社会观察课和思想政治理论综合实践课"的社会实践体系，构建了社会实践体系；科学设置平时和期末成绩比例、注重过程考核，在平时考核注重思维方式的养成，期末考核注重理论知识的掌握，构建教学考核体系，形成了独具特色的教学体系，获得广泛赞誉。

因材施教永远在路上，展望未来，贾少英表示："我们将围绕思想政治理论课教学有效性这一主线，进一步加强思政课程与课程思政相结合，与学生专业相融合，在教学中融入北京元素、突出北京特色，使问题导入式专题教学更富活力和实效。"

兰台风采

——加强交流合作，推动档案工作高质量发展

档案（校史）馆在上级主管部门的指导和学校党政的领导下，坚持"档案工作姓党"的政治站位，打造"党建+业务"双轮驱动的新模式，强基固本，规范做好档案治理体系、资源体系、服务利用体系和安全体系建设，厚植校史，扎实做好编研工作，搭建校史育人平台，建设档案实践基地助力人才培养，获得软件著作权登记和专利授权10余项，主持或参与科研项目20项。

——档案（校史）馆

北京交通大学档案馆馆长一行到北京联合大学调研

5月31日上午，北京交通大学档案馆馆长王璁一行7人到北京联合大学调研档案校史工作，档案（校史）馆馆长姜素兰接待来访同仁。

双方就档案校史业务工作展开座谈交流。姜素兰介绍了联大档案校史工作整体情况、档案工作运行管理的体制机制，各门类档案管理的经验做法等。与会人员就文书档案收集、校史编研、数字档案馆（室）建设、对外服务、学生档案管理等方面的问题进行深入的交流与探讨。王璁对北京联合大学档案校史工作取得的成绩表示赞赏。双方表示将进一步加强交流合作，共同提升档案管理水平，推动档案工作高质量发展。王璁一行还参观了校史馆、2017-2022年度档案事业巡礼展览和档案库房。

北京交通大学档案馆馆长一行到北京联合大学调研

市属三所高校档案工作人员赴北京联合大学调研

5月16日，北京第二外国语学院、首都体育学院及首都经济贸易大学三所高校档案工作人员到我校调研档案工作，先后参观了校史馆、2017-2022年度档案事业巡礼展，并实地参观了档案库房，全面了解我校档案校史工作的创新举措和经验做法，随后开展交流座谈。座谈中，与会人员就各校数字档案室的建设进展情况、"依法治档，规范先行"的理念和数字档案馆（室）系统建设及资源整合等方面的问题进行了深入的探讨。我校档案（校史）馆馆长姜素兰表示，期待加强校际交流合作，凝心聚力，共同提升市属高校数字档案馆（室）建设水平。

北京第二外国语学院、首都体育学院及首都经济贸易大学
三所高校档案工作人员到北京联合大学调研

第六章　求真务实——科学严谨的治学态度

长春中医药大学档案馆馆长一行到北京联合大学调研

4月24日，长春中医药大学档案馆馆长张凌一行五人到北京联合大学调研档案校史，双方就档案业务工作展开座谈交流。校档案（校史）馆馆长姜素兰介绍了我校档案工作整体情况、档案工作运行管理的机制体制，各门类档案管理的经验做法等。与会人员就档案人员职称评聘、对外服务、干部档案数字化及档案编研等具体问题进行深入交流。张凌一行还参观了校史馆、2017-2022年度档案事业巡礼展以及文书、人事、会计、基建档案库房和专题资料库。双方表示，将进一步加强沟通交流，共同推动档案工作水平提升。

长春中医药大学档案馆馆长一行到校调研

北京科技大学档案馆馆长一行到北京联合大学调研

3月17日上午，北京科技大学档案馆馆长景鹏一行三人到北京联合大学调研档案工作。景鹏一行首先参观了校史馆、档案库房和专题资料库，观看了学校2017-2022年度档案事业巡礼展，全面了解北京联合大学档案校史工作情况。

　　随后，双方进行座谈交流。姜素兰介绍了我校档案工作整体情况、档案信息化及档案管理系统建设和学生档案管理等情况。与会人员就档案员培训、数字档案馆（室）建设、档案利用与对外服务等方面的具体问题深入交流。双方表示将进一步加强交流合作，共同推动档案工作水平提升。

北京科技大学档案馆馆长一行到北京联合大学调研

青春感悟

——成为自律严谨的联大学生

> 在联大不到一学年的时间里,我真切地感受到了校园里的老师在顾全大局的同时又注意细节,从来都不忽视学生的问题,贴切学生的生活,实事求是,求真务实。
>
> ——北京联合大学2021级新闻学专业学生刘珂

在一所大学的办学过程中,好的教学质量与科学严谨的治学态度息息相关,科学严谨的治学态度推动教学质量的提高,而教学质量的显著成就也突出了治学态度的先进性。

北京联合大学秉持"求真务实"的科学严谨治学态度。所谓"求真",即追求事物发展的真理所在和寻找事物发展的客观规律,是在科学的理论与方法的指导下不断地认识事物的本质,把握事物的规律;"务实",一指致力于实在的或具体的事情,二指讲究实际。"大人不华,君子务实。"坚持求真务实,是坚持马克思主义科学世界观和方法论的本质要求。"求真务实"是对马克思主义哲学,特别是对其认识论的精神实质的精辟概括。它体现了马克思主义所要求的理论和实践、知和行的具体的历史的统一。

告别高中,初入联大,我怀着兴奋又好奇的心情。在大一上半个学期里,我更多在适应大学校园生活,没有了父母的约束,开始"放飞自我",对于学业的付出也没有那么多了,每次交作业都要一次次的修改,我也会产生厌烦情绪。

但专业课上老师点评期末作业时，给了我当头一棒，让我彻底转变了大学的学习态度。在视听语言的课上，老师给了我们每人五分钟左右的演讲时间，来论述自己的期末作业，老师则成为学生，坐在讲台底下认真听取我们的论述。在我讲完之后，我接过来老师对我纸质版作业的修改。那一刻，我是震惊的——我的纸质版作业可以说是变成了"满江红"，上面大到哪里的论述不太正确，小到哪个标点符号出了差错，老师无一不认真的帮我修改了出来。这些还不够，老师在私下里和我单独辅导，纠正我在演讲里的一些缺点，直到我学会了，他才放心下来。不仅是对我一个学生而言，一个教室里的九十余位同学，老师给每位同学都分析作业，每份作业都逃不过一片"满江红"的结果。这件事情让我真正意识到之前荒废学业的严重性，老师的言传身教，也让我学会了如何成为一位自律严谨的联大学生。

除此以外，在课堂上提出的问题，老师的回答从来不是模棱两可的，哪怕是课堂上没解决的问题，一定会在课下得到细致的解答。所有交上去的作业，一定会被认真对待，每一份作业反馈，都带有着详细的答案解析。在联大不到一学年的时间里，我真切地感受到了校园里的老师在顾全大局的同时又注意细节，从来都不忽视学生的问题，贴切学生的生活，实事求是，求真务实。

老师的治学态度认真严谨，同学们也在老师的引导下拼搏向上，也联大的全体师生共同营造着浓厚的学习氛围。哪怕是在周六日的图书馆里或是在深夜的自习室里，总能看到很多同学废寝忘食的学习。在这样的环境熏陶之下，我也有了很大改变，彻底摒弃着"差不多就行"这样的心态，现在的我也会一丝不苟地处理学习和工作上的事情，培养好自身的专业能力，虚心请教，力求真懂。

我的专业是新闻学，在之后的大学学习生活里，不管是理论知识还是实践活动，我将时刻提醒自己不能囫囵吞枣，遇到不懂的难题，不能搁置，更不能逃避，要虚心探问、深入追问，向老师、同学请教。在步入社会之后，

第六章 求真务实——科学严谨的治学态度

我也要保持这种态度。联大校园里充满着求真务实、科学严谨的治学态度，让我坚定在之后的生活里，要把这种态度运用在方方面面，真正成为一位对社会有用的人！

青春感悟

——脚踏实地，从细节做起

　　求真务实、科学严谨是一种探究专业领域的态度，也是一种为人处世的思想理念，它能够照亮我们前进的方向、给我们指明正确的道路。"不积跬步，无以至千里；不积小流，无以成江海"。再大的事情，也都是由一个个小的侧面和细节组成，若不肯认真从每个细节做起、不愿意抓好每一件小事，那么大事的成功也就无从谈起。

——北京联合大学2020级历史学专业学生李婧怡

　　光阴荏苒，如波涛般流逝飞快。回忆起刚到联大的那天，思绪里的光影竟如昨天般清晰，以为才刚刚过去。如今我已是一名大学二年级的学生，在这里经历着青涩的蜕变，而在这个过程中，我对联大也有了更加深刻的认识，体会它带给我的熏陶与历练，并将尽自己最大的努力把其优秀的精神发扬、传承和延续。

　　来到联大后，我进入了历史学专业进行学习。在填报志愿时，是对历史的喜爱和好奇吸引我关注到联大和其下设的历史学这个专业，但当我真正进入学校开始跟随老师的指引进行深入的学科探索时，我发现原来专业学习具有乐趣，但也有一些枯燥乏味。而联大和联大的各位老师们以自身作为榜样，秉承着严谨认真的教学态度，耐心地指导我们。

　　历史学的研究方向主要以史学类资料为主，因此与文献打交道的时间比较多，那么去调查资料的准确性就非常有必要，这是一种对学问负责的态度。而又一次的上课经历也让我认识到做学问，最需要坚守的就是这种科学严谨

第六章 求真务实——科学严谨的治学态度

的态度以及求真务实的精神。

在大一期末的最后几周里，许多科目需要上交论文作业，其中世界古代史的课程是比较早交作业的一门课。当我以为交过作业就没有后续的事情了之后，没想到课程老师专门拿出一堂课进行作业总结，并找到了我们每个人进行作业交流。在课堂上，老师主要针对研究类文章的写作内容和格式进行了深入讲解。其中老师特别讲到了文章资料来源和资料真实性的问题，"网络上的百科资料是不能直接作为文献资料用的，这些资料的来源并不明确，且准确性、科学性都不能完全确定。如果所有的文章资料都来自网络百科，那么作为学习这门学科的学生就不能称之为专业。"除此之外，老师还特别提到论文格式的要求，甚至给我们看了一份论文格式资料文件，让我们按照它进行学习。老师很温柔地跟我们说"作为一开始的学习者，对这些格式不了解是可以理解的，但是在以后的实践中——比如毕业论文、发表文章中，格式是非常关键且重要的。包括写作内容的布局、字句的严谨度、资料的引用……都需要规范的格式，从现在开始要求自己按照规范去做，后续就会成为自然而然的习惯了"。这一堂课让我认识了论文写作的要求与格式是怎样的，但更重要的是，让我第一次意识到历史学的文章写作是需要如此的严谨，而作为一名历史学科的学习者，前辈们所秉承的这种严谨精神是值得我一直学习和传承的。

这些经历让我逐渐认识到历史专业的求真务实，也让我对专业学习有了更加开阔的理解，愈发的敬佩那些先辈们。同时我也更加深刻地认识到脚踏实地的积累与细致的态度是做好专业的重要因素，也是实现理想信念的关键所在。我需要把这种精神和态度投入历史研究领域，朝着先辈们的高度前行，潜心学习和研究、专心于自己所向往之事，为深化历史研究、增强文博行业发展付出微薄的力量，争取为热爱历史、文博事业的后辈们留下更多的线索，将我国优秀的历史文化传承、发扬光大。

求真务实、科学严谨是一种探究专业领域的态度，也是一种为人处世的思想理念，它能够照亮我们前进的方向、给我们指明正确的道路。"不积跬步，无以至千里；不积小流，无以成江海"。再大的事情，也都是由一个个小的侧面和细节组成，若不肯认真从每个细节做起、不愿意抓好每一件小事，那么大事的成功也就无从谈起。

求真就是追求真理、崇尚科学，务实就是实事求是、从实际出发。现代社会对大学生培养的质量和标准提出了更高的要求，要着力培养大学生的科研能力和学术态度，这是社会发展的客观需要。北京联合大学在四十多年的办学过程中，通过课程学习帮助同学们深化专业认知、通过课程实践培养同学们的专业素养，激励同学们积极投身科学研究、积极将所学知识转化为实际应用，引导同学们树立求真务实、科学严谨的治学态度，在帮助同学们提高学术科研能力的同时，同步提高学生做学问的习惯和态度。

结语

——求真务实，科学严谨

求真务实的直接理论来源是毛泽东提出的"实事求是"思想。延安时期，毛泽东借用中国传统文化中"实事求是"的典故，对其进行马克思主义的改造，形成了我们党的思想路线，其根本要求是从实际出发，来求得对事物发展规律的科学认识，以指导实践。新时期之初，邓小平总结新中国成立我们党的成败得失，面对"两个凡是"的错误主张，提出了"解放思想，开动脑筋，实事求是，团结一致向前看"的口号，丰富了"实事求是"思想路线的内涵。进入新世纪，江泽民针对世情、国情、党情的深刻变化，指出马克思主义具有与时俱进的理论品质，要求"全党同志要坚持马克思主义的科学原理和科学精神，善于把握客观情况的变化，善于总结人民群众在实践中创造的新鲜经验，不断丰富和发展马克思主义理论"①。"解放思想，实事求是，与时俱进，开拓创新"又进一步丰富了党的思想路线内涵。胡锦涛指出："求真务实，是辩证唯物主义和历史唯物主义一以贯之的科学精神，是我们党的思想路线的核心内容，也是党的优良传统和共产党人应该具备的政治品格。"②这个重要判断表明：求真务实是共产党人的政治品格的体现，因此也是中国化马克思主义理论的重要理论品格；求真务实是马克思主义科学精神的体现，以求真务实为党的思想路线的核心内容，也就意味着我们党的理论创新与实践创新更加注重科学性。我们党针对新情况和新问题，在"解放思想，实事

---

① 参见《江泽民文选》：第3卷［M］. 人民出版社2006年版，第283页。
② 胡锦涛：《在中国文联第八次全国代表大会中国作协第七次全国代表大会上的讲话》［N］. 载《人民日报》2006年11月11日，第1版。

求是,与时俱进"的基础上提出了"求真务实"的要求。求真务实就是要"求我国社会主义初级阶段基本国情之真,务坚持长期艰苦奋斗之实;求人民群众的历史地位和作用之真,务发展最广大人民根本利益之实;求共产党执政规律之真,务全面加强和改进党的建设之实"①。实事求是、从客观实际出发是唯物主义的基本观点,是坚持唯物主义的具体体现。党的十八大以来,习近平总书记坚持彻底的唯物论,指出"实事求是,是马克思主义的根本观点,是中国共产党人认识世界、改造世界的根本要求,是我们党的基本思想方法、工作方法、领导方法"②。我们党是靠实事求是起家和兴旺发展起来的,不论过去、现在和将来,我们都要坚持一切从实际出发,坚持实事求是。习近平总书记指出"坚持实事求是,就是坚持一切从实际出发来研究和解决问题,坚持理论联系实际来制定和形成指导实践发展的正确路线方针政策,坚持在实践中检验真理和发展真理。"要求"任何超越现实、超越阶段而急于求成的倾向都要努力避免,任何落后于实际、无视深刻变化着的客观事实而因循守旧、故步自封的观念和做法都要坚决纠正"。强调"做好党和国家各项工作,关键在求真务实、真抓实干"。这些重要讲话和工作部署一以贯之地坚持了唯物主义的立场,是科学运用唯物主义观点的光辉典范。③

坚持求真务实,是坚持马克思主义科学世界观和方法论的本质要求。"求真务实"是对马克思主义哲学,特别是对其认识论的精神实质的精辟概括。它体现了马克思主义所要求的理论和实践、知和行的具体的历史的统一。求真务实与科学性要求是一致的,都是要求从实际出发,按规律办事,理论与实践相结合。所谓"务实",则是要在这种规律性认识的指导下,去做、去实践。认识和实践的辩证关系,是以实践为基础的能动反映论的重要内容。马

---

① 参见中共中央文献研究室:《十六大以来重要文献选编(上)》[M]. 中央文献出版社 2005年版,第 728—729 页。
② 参见习近平:《习近平谈治国理政》,外文出版社年版 2014,第 25 页。
③ 参见王丰:《习近平新时代中国特色社会主义思想的哲学研究》[D]. 中共中央党校 2018 年博士论文。

第六章　求真务实——科学严谨的治学态度

克思主义哲学既承认实践对认识的决定作用，又重视认识对实践的反作用，强调认识和实践的辩证统一。习近平总书记强调："知是基础、是前提，行是重点、是关键，必须以知促行、以行促知，做到知行合一。"实践出真知。马克思主义哲学强调实践是认识的基础，实践对认识的决定作用。首先，实践是认识的来源，为认识的产生提出了需要，为认识的形成提供了可能。其次，实践是认识发展的动力，实践的发展不断地提出认识的　新课题，为认识发展提供必要的条件，推动着认识向前发展。再次，实践是检验认识是否正确的标准，一种认识正确与否在认识范围内、依靠认识本身是解决不了的，必须通过实践的检验才能最后确定。最后，实践是认识的目的，认识活动的目的并不在于认识活动本身，而在于更好地去改造客体，更有效地指导实践。时代是思想之母，实践是理论之源。习近平总书记指出："实践观点是马克思主义哲学的核心观点。实践决定认识，是认识的源泉和动力，也是认识的目的和归宿。"[①] 生活之树常青。一种理论的产生，源泉只能是丰富生动的现实生活，动力只能是解决社会矛盾和问题的现实要求。[②] 我们要始终坚持实践第一的观点，在推进中国特色社会主义事业的道路上，充分尊重实践，做到从实践中来，到实践中去，一切从实际出发，坚决反对各种形式的唯心主义，克服主观主义，从而在根本上保证我们的思想和行动符合客观规律，能够科学地认识世界和改造世界。

求真务实就是要不断地认识事物的本质，把握事物的规律，并在这种规律性认识的指导下去实践，是对马克思主义哲学，特别是对其认识论的精神实质的精辟概括，是辩证唯物主义和历史唯物主义一以贯之的科学精神，是共产党人的重要思想和工作方法，是党的各项事业不断取得新胜利的根本保证。习近平总书记多次强调，要把更多力量和资源向基层下沉，在务实功、

[①] 《坚持运用辩证唯物主义世界观方法论　提高解决我国改革发展基本问题本领》，《人民日报》2015年1月25日，第1版。

[②] 习近平：《在党的十九届一中全会上的讲话》，《求是》，2018年第1期。

求实效上下功夫。要发扬求真务实、真抓实干的作风。北京联合大学对自身"高水平应用型"大学的办学定位体现了学校求真务实的工作作风，应用型作为高等教育重要类型的地位更加巩固，以教授和研究各行各业的专门知识为主，注重理论教学与实践教学的紧密结合，四十多年应用型办学之路积累了丰富的办学成果，包括以新工科为引领强化高水平学科专业建设，紧贴一线需求服务北京经济社会建设，围绕北京城市发展提升人才培养能力。北京联合大学校训"学以致用"正是体现了马克思主义所要求的理论和实践、知和行的具体的历史的统一。一方面强调认识规律、把握规律的重要性，在规律的指导下进行实践；另一方面强调"学"的目标是"用"，是实践，马克思曾指出："哲学家们只是用不同的方式解释世界，而问题在于改变世界。"毛泽东说："马克思主义的哲学认为十分重要的问题，不在于懂得了客观世界的规律性，因而能够解释世界，而在于拿了这种对于客观规律性的认识去能动地改造世界。"只有这样，科学的理论、正确的认识、美好的理想，才能逐步变为现实。教师学以致用，专注于应用性科研和技术研发，将科学理论和科研成果转化为现实生产力，有力践行了习近平总书记"把科研论文写在祖国的大地上"的讲话精神。例如，为平谷区桃农研发生物制品代替农药，有效解决了蟠桃的褐腐病问题；《密云希望小镇：加快农村城镇化建设的新模式》关注北京社区治理和新农村建设；组织专业支撑团队，积极参与2022年北京冬奥会和冬残奥会相关项目研究与落地。学生学以致用，《解决城市老旧小区停车难问题的对策研究——以北京市垡头老旧小区为例》、室内空气质量检测项目、《参与式治理视角下社区公共区域"宠物狗粪便清理"对策及实施路径研究》等项目均是学生结合社会热点问题，以专业知识为基础，通过社会实践、红色一加一、挑战杯等项目平台，展开深入研究，取得优异成绩，践行知行合一的典范。

新时代，求真务实必须结合新阶段的新实践，并努力贯彻到推进党和国家的各项工作之中，才能转化为巨大的物质力量。北京坚持以首都发展为统

第六章　求真务实——科学严谨的治学态度

领，首都功能将明显提升，城市品质将不断提高，以首都为核心的世界级城市群主干架构将基本形成，学校高水平应用型大学建设的标准要求将更加提升。新一轮科技革命和产业变革深入发展，北京将更加突出创新发展，积极培育新产业新业态新模式新需求，全面推动高质量发展，学校高水平应用型大学建设的发展空间将更加广阔。作为北京市属综合性大学，学校始终坚持立足北京、面向京津冀、辐射全国、放眼世界；坚持优化发展本科教育，大力发展研究生教育，努力扩大留学生教育，积极拓展继续教育；坚持面向应用、面向需求、面向市场，努力培养知行合一、学以致用、具有创新精神的优秀应用型建设人才。

后　记

2023年10月，北京联合大学将迎来建校45周年华诞。四十五载办学，学校经历了艰难曲折的发展历程，积淀形成了独有的办学特色、人文记忆和文化底蕴，也留下了无数感人事迹和奋斗故事。这是我们的宝贵精神财富，是我们开展思想政治教育、落实立德树人根本任务的生动教材和育人富矿。为了让校史故事的育人作用更具指向性，凸显功能实效，学校启动编撰《校史故事的育人功能和作用研究》，呈现情怀、立场、宗旨、定位、理念、态度6个方面的办学和师生奋斗故事，配以阐释和分析。

本书的编撰得到了学校党委的大力支持，校党委书记楚国清在百忙之中亲自作序；得到了学校众多单位的鼎力相助，大家纷纷提供故事素材和资料；得到了师生的广泛关注，很多人专门撰写提供自己及同事同学的故事和事迹。特别是校档案（校史）馆牵头编写的《校址的故事》和《校史的故事》为本书提供了蓝本，马克思主义学院退休教授张利老师为《校址的故事》一书撰写的书评为本书提供了火花和线索，学校新闻网和校友会主办的联大人微信公众号中众多作者撰写的文稿、分享的故事为本书提供了强有力支撑。在此，谨向所有为本书成稿直接或间接提供素材支撑、支持和帮助的单位及个人致以最诚挚的谢意！

鉴于部分内容年代相对久远，查考较为困难，加之时间紧迫、作者的写作水平有限，书中难免存在疏漏和不妥之处，恳请广大读者不吝批评指正。

编者

2023年8月